edition chrismon

Bibliografische Information der Deutschen Bibliothek: Die Deutsche Bibliothek verzeichnet diese Publikation in der Deutschen Nationalbibliografie; detaillierte bibliografische Daten sind im Internet über http://dnb.ddb.de abrufbar.

Autor: Christoph Markschies
Umschlaggestaltung: Elisabeth Keßler
Satz: Lena Gerlach
Druck und Bindung: Lindendruck Verlagsgesellschaft mbH, Hannover

Printed in Germany, ISBN 978-3-86921-067-4

Christoph Markschies

ZUR FREIHEIT BEFREIT

Bildung und Bildungsgerechtigkeit in evangelischer Perspektive

INHALT

6

VORBEMERKUNG

Der Verfasser des folgenden Essays, der auf einen Vortrag vor der Synode der Evangelischen Kirche in Deutschland im November 2010 zurückgeht,[1] hat als Theologe fünf Jahre eine deutsche Universität geleitet. Da es sich um die nach dem berühmten preußischen Bildungsreformer Wilhelm von Humboldt benannte Universität in Berlin handelte und diese Einrichtung zudem im vergangenen Jahr ihr zweihundertjähriges Jubiläum feierte, hatte deren Präsident reichlich Gelegenheit, über das Thema „Bildung" nachzudenken und Ergebnisse seines Nachdenkens öffentlich vorzutragen.[2] Die Gelegenheit, vor der Synode zu sprechen, habe ich allerdings besonders gern ergriffen – natürlich ist weder im Alltag der Administration einer ziemlich großen Wissenschaftseinrichtung noch bei diversen Grußworten zu allerlei Anlässen Zeit oder Raum, ganz grundsätzlich darüber nachzudenken, was die evangelische Theologie zur Bildungsthematik Grundlegendes beizutragen habe. Nicht nur der Synode habe ich für die ehrenvolle Einladung zu danken, sondern auch Verlegerin und Verlag dafür, dass die erheblich erweiterten Ergebnisse meines Nachdenkens nun als Büchlein vorgelegt werden können. Das Synodalreferat ist – mit Termini des antiken Buchmarktes gesprochen – gleichsam die Epitome, die knappe Zusammenfassung dessen, was hier ausführlicher und reicher belegt entfaltet wird.

Freilich muss ich einschränkend sagen: Fünf Jahre Verantwortung für die Administration einer Bildungseinrichtung zu tragen, macht einen nicht zum Experten für die akademischen Diskurse über Bildung in diesem Land und lässt einem gelegentlich nicht einmal Zeit, die Debatten darüber in den Zeitungen in einem ausreichenden Maße zu verfolgen. Hat man dazu das Glück, an seiner Universität den führenden Bildungshistoriker des Landes zum Kollegen zu haben,[3] versucht man nicht, sich auf diesem Feld mit eigenen Beiträgen zu profilieren. Dankbar habe ich auch davon profitieren können, dass in der Stadt Berlin eine in Deutschland einzigartige Konzentration von Einrichtungen der quantifizierenden Bildungsforschung vorhanden ist – wer in der Nachbarschaft eines Max-Planck-Institutes für Bildungsforschung, eines Institutes für Qualitätsmessung im Bildungswesen und des Wissenschaftszentrums Berlin für Sozialforschung lebt, also von Institutionen, die die großen empirischen Analysen der Bildungslandschaft der Bundesrepublik Deutschland entwickeln, durchführen und interpretieren, wird nicht versuchen, deren analytische Kraft bei der Beurteilung insbesondere der bekannten Probleme des hiesigen Bildungswesens zu übertreffen. Von meiner Ausbildung und Profession her bin ich Kirchenhistoriker der christlichen Antike, stehe also genau zwischen dem Fachgebiet, das zu beschreiben weiß, inwiefern das Urchristentum eine Bildungsbewegung war, und der Teildisziplin, die den großen reformatorischen Bildungsaufbruch, der sich insbesondere mit dem

Namen Philipp Melanchthons verbindet, wissenschaftlich untersucht – so gleichsam zwischen den Stühlen von Neuem Testament und Reformationsgeschichte, historischer und quantifizierender Bildungsforschung zu sitzen, ist hoffentlich diesem kleinen Büchlein bekommen; den Horizont des Autors hat es mindestens eminent geweitet. Schließlich muss ich auch noch bekennen, dass ich das nichtuniversitäre Bildungsgeschehen, soweit es die Evangelischen Kirchen verantworten, weniger aus der eigenen Perspektive kenne (sieht man einmal von den für Professoren üblichen Vortragserfahrungen in Akademien, kirchenleitenden Gremien und Gemeindekreisen ab) als aus den Berichten einer mir sehr nahestehenden Person, einer Pädagogin aus Leidenschaft in verschiedenen kirchlichen Schulzusammenhängen – meiner lieben Frau, die auch die hier entwickelten Gedanken mit mir geteilt und mich hoffentlich vor den schlimmsten Irrtümern wie Absonderlichkeiten bewahrt hat.

Angesichts meiner im Blick auf das Thema beschränkten Kompetenzen schien es mir schon vor der Synode angezeigt, der berühmten Aufforderung an den Schuster zu folgen und bei meinem Leisten zu bleiben. Entsprechend wird in diesem Essay lediglich die These vertreten, dass die Evangelische Kirche ein theologisch grundiertes Verständnis von Bildung braucht, ein solches Verständnis ansatzweise entfaltet und außerdem behauptet, dass sich aus diesem Verständnis auch schnurgerade ein Begriff von Bildungsgerechtigkeit ergibt, der nicht bloß äußerlich (beispielsweise aus politischen oder gar ideologischen Gründen) an den Bildungsbegriff herangetragen ist. Mit anderen Worten: Ich hoffe, dass meine Not, in einer kaum mehr übersichtlichen Bildungsdiskussion durch Jahre in der pädagogischen Praxis als Kirchenhistoriker samt einigen Jahren in der Bildungsadministration Kompetenz nur sehr beschränkt erworben zu haben, bei der Entwicklung eines theologisch grundierten

Bildungsbegriffs zur Tugend geworden ist – zur Tugend nämlich, nicht ein bildungstheoretisches oder bildungshistorisches Halbwissen für die volle Wahrheit zu halten, sondern darauf zu vertrauen, dass eine wirklich umfassende Bildungsdiskussion die *Synthese verschiedener Zugänge* zu einem integrativen Bildungsbegriff verlangt und dabei auch die Theologie ihr spezifisches Gewicht haben sollte. Entsprechend sollten theologische Überlegungen zu einem evangelischen Verständnis von Bildung und Bildungsgerechtigkeit auch für diejenigen von Interesse sein, die die christlichen Prämissen eines solchen Bildungsverständnisses nicht teilen: Sie ermuntern im Kontext einer Gesellschaft, deren Defizite bei der Bildungsgerechtigkeit allgemein bekannt sind und vielfältig beklagt werden,[4] auch außerhalb der Kirche nach engeren Verbindungen zwischen Bildungsbegriff und Bildungsgerechtigkeit zu suchen, als sie hierzulande üblich waren und sind.

Ich verfasse dieses Vorwort, wie es sich gehört, am Ende der Arbeit am Manuskript. Zum wiederholten Male gab mir eine Benediktinerabtei in Jerusalem Gastfreundschaft und Ruhe, abschließend an Texten zu arbeiten. Die Abtei Dormitio BMV auf dem Zionsberg in Jerusalem gewährt aber nicht nur, wie es der Tradition und Regel Benedikts entspricht, einzelnen Gästen freundlich Obdach. Sie beherbergt auch seit nunmehr 37 Jahren ein ökumenisches Studienjahr für Theologiestudierende aus dem deutschsprachigen Raum und ist dafür nicht hoch genug zu loben. Einst bin ich durch dieses Studienjahr nicht nur gebildet worden über die Geschichte und Gegenwart des Heiligen Landes, dessen Religionen und den Raum, in dem Jesus von Nazareth lebte wie litt, sondern eben auch über die anderen christlichen Konfessionen und allzumal die katholische Nachbarkonfession. Heute lehre ich immer wieder einmal in diesem Studienjahr und versuche, eine neue Generation von Theologinnen und Theologen zu bilden. Schon deswegen bekenne ich zum guten Schluss, dass dieses Büchlein zwar aus evangelischer Perspektive verfasst wurde (wie sollte es auch anders sein), aber ich hoffe doch, dass Erfahrungen der Bildungsarbeit auch der anderen christlichen Konfessionen in meinem Text Berücksichtigung gefunden haben und die hier entwickelten Gedanken über Bildung wie Bildungsgerechtigkeit nicht nur von evangelisch geprägten Menschen nachvollzogen werden können. In einer Zeit, in der viele Menschen von Christentum und Kirche wenig mehr als nichts wissen, sind gemeinsame Bildungsanstrengungen der getrennten Christenheit notwendig. Profilierung um der Profilierung willen wird am Ende niemandem helfen. Glaubwürdigkeit christlicher Bildungsarbeit misst sich ein Stück weit auch an der Bereitschaft, Dinge gemeinsam zu tun und nicht aus Tradition oder schlichter Angst weiter für sich allein zu bleiben.

Ich widme dieses Büchlein all denen, die in den letzten Jahren Bildungsaufbrüche in ihren Kirchen und Gemeinden unternommen haben: den Mönchen und Studierenden vom Zionsberg in Jerusalem ebenso wie den Kollegien der kirchlichen Schulen, die (wie das Christliche Gymnasium im thüringischen Jena) in den Jahren seit 1989 an Orten der ehemaligen DDR entstanden sind, den Kolleginnen und Kollegen in den Einrichtungen, die den Reformprozess der Evangelischen Kirche in Deutschland vorantreiben oder durch ihn erst entstanden sind und natürlich all denen, die meine Gedanken in den vergangenen fünf Jahren angeregt, kritisch mit mir diskutiert oder mich sonstwie freundlich unterstützt haben.

Jerusalem, im März 2011
Christoph Markschies

18

BILDUNGS-
GERECHTIGKEIT?

Was wir unter Bildung verstehen sollten, wenn wir Bildungsgerechtigkeit für alle fordern

Alle reden von „Bildungsgerechtigkeit“, nachdem in den letzten Jahren in allen politischen Parteien und quer zu den traditionellen ideologischen Fronten deutlich geworden ist, dass es im Blick auf Bildung in diesem Land nicht gerecht zugeht – trotz der emphatischen Versicherungen vieler Verantwortlicher seit dem Ende der sechziger Jahre und vielen ebenso entschlossenen wie radikalen Reformen im Bildungswesen. Worin die Defizite im Blick auf Bildungsgerechtigkeit im Detail für die diversen Bildungseinrichtungen des Landes bestehen, ist in den letzten Jahren immer wieder zusammengestellt worden und braucht hier nicht wiederholt zu werden. Ein einziges Beispiel: Der Anteil von Kindern aus Familien von Nichtakademikern im Studium ist beschämend gering, weil er auch schon an den höheren Schulen desaströs gering ist. Eine alle drei Jahre veranstaltete Sozialerhebung unter Studierenden hierzulande verzeichnete seit 1982 eine beständige Abnahme von Studierenden aus einfacheren

Verhältnissen; 2010 war erstmals ein leichter Anstieg zu verzeichnen. Nach wie vor kommt mit 59 Prozent mehr als jeder zweite Student aus gehobenen oder besonders begüterten Schichten; da von 100 Akademikerkindern 71 den Sprung an eine Universität schaffen, von 100 Nicht-Akademikerkindern aber nur 24, spricht man von einem „Bildungstrichter".[5] Der Präsident des Deutschen Studentenwerks, das die Sozialerhebungen verantwortet, sprach auf der Pressekonferenz zur Vorstellung der neunzehnten Erhebung aus dem Jahre 2010 davon, dass im deutschen Bildungssystem „die grundlegende soziale Selektion weiterhin erschreckend stabil" sei. Rolf Dobischat, selbst ein Bildungsforscher, sagte weiter: „Weniger wissenschaftlich ausgedrückt: Die Akademiker reproduzieren sich selbst. Kinder von Beamten mit Hochschulabschluss studieren fast viermal so häufig wie Arbeiterkinder. Von sozial offenen Hochschulen sind wir weit entfernt."[6] Für diese missliche Lage, die auch durch die großen Bildungsreformen der siebziger Jahre nicht wirklich verändert wurde, sind viele Faktoren verantwortlich, die hier ebenfalls nicht im Einzelnen analysiert werden müssen – dazu gehören selbstverständlich aber auch die Universitäten und ihr Lehrpersonal: Das Studium der Theologie (um nur ein mir besonders vertrautes Beispiel zu wählen) setzt immer noch im Kern das Kind aus bürgerlichem Hause voraus, das nicht nur weiß, wie man Texte analysiert und kommentiert, sondern auch ein gerüttelt Maß an Kenntnissen über Geschichte, Kultur und Religion mitbringt. Wenn nun einmal endlich der Fall eingetreten ist, dass auch ein paar Studierende aus nichtbürgerlichen Zusammenhängen studieren (und das Studium entsprechend umgestellt werden müsste), lamentiert die Professorenschaft über das sinkende Niveau der Studierendenschaft und die Unbildung des künftigen religiösen Personals der Kirchen.[7] Dabei läge es an ihnen, das Niveau zu heben und Bildung zu vermitteln.

Sonderlich alt ist die Forderung nach Bildungsgerechtigkeit – jedenfalls wenn man auf den Begriff schaut – übrigens nicht; das „Digitale Wörterbuch der deutschen Sprache", das die Berlin-Brandenburgische Akademie der Wissenschaften als Gesamtkorpus der deutschen Gegenwartssprache aufbaut, verzeichnet gegenwärtig als frühesten Beleg eine Äußerung eines Kultusministers aus dem Jahre 1968: „Symptom mangelnder Bildungsgerechtigkeit" sei „der nach wie vor im Vergleich zu anderen Industriestaaten auffallend geringe Anteil von Arbeiterkindern an Gymnasien und Hochschulen."[8] Es scheint, als ob diese Aussage über vierzig Jahre nach ihrer Entstehung mühelos wieder (und nach wie vor) verwendet werden kann, um in einer im Vergleich zu 1968 vollkommen gewandelten Welt das in einzelnen Zügen offenbar doch recht stabile deutsche Bildungssystem zu beschreiben.

Obwohl sich also der negative Befund im Blick auf die Bildungsgerechtigkeit seit 1968 wenig und ganz sicher nicht grundsätzlich verändert hat, hat sich die Reaktion auf diesen Befund geändert: War es im Jahr der europäischen Studierendenrevolutionen natürlich ein hessischer Kultusminister der SPD, der die zitierte Aussage prägte, hört man sie heute auch aus dem Munde von Kultusministern des anderen politischen Lagers. Die alte konservative Einstellung, die Zugänge zur höheren Bildung nur für sehr wenige Hochbegabte zu öffnen und offensiv die Schwellen zu verteidigen, ist der gemeinsamen Erkenntnis in allen politischen Lagern gewichen, dass aktive Arbeit mit den Begabten und Hochbegabten aus einfacheren sozialen Schichten notwendig ist, um den Bedarf an universitär gebildeten Fachkräften in allen Bereichen der Gesellschaft zu decken.[9] Solange aber solche aktive Arbeit nur an wenigen Stellen wirklich beherzt getan wird, an den meisten anderen einfach nur die Zugangsquote zu Bildungseinrichtungen angehoben wird und viel zu wenig Geld in das so aufgeblähte

Bildungssystem fließt, droht tatsächlich der gern von Professoren beklagte Niveauverlust – wenn auch vielleicht nicht ganz in dem Maß, die die rhetorisch aufgeputzte und schon traditionelle Klage, dass die Studenten immer dümmer werden (erste Belege finden sich schon in der Antike), befürchten lässt. Um einem Niveauverlust zu wehren, müsste an deutschen Bildungseinrichtungen mehr Lehrpersonal eingesetzt werden; das Geld dafür aber ist knapp und heiß umkämpft.

Für Bildungsgerechtigkeit kann man sich aus verschiedensten Motiven einsetzen und die gegenwärtige Debatte ist durch einen großen Pluralismus solcher Motive geprägt: Da sind zum einen die klassischen Anwälte des allgemeinen Rechtes auf Bildung, das nach Artikel 26 der allgemeinen Erklärung der Menschenrechte der Vereinten Nationen vom 10. Dezember 1948 zu den unveräußerlichen Menschenrechten zählt. In dieser Erklärung ist nicht nur festgehalten, dass jeder das Recht auf

Bildung hat, vielmehr wird dekretiert, dass Bildung unentgeltlich zu sein habe, „zum mindesten der Grundschulunterricht und die grundlegende Bildung“. Weiter heißt es in dieser Erklärung: „Der Hochschulunterricht muss allen gleichermaßen aufgrund ihrer Fähigkeiten offenstehen.“ Das Grundgesetz der Bundesrepublik Deutschland erwähnt (für Laien mitunter überraschenderweise) in seinem Grundrechtskatalog das Recht auf Bildung nicht eigens, aber schon wegen der unterschiedlichen Nostrifikationen der allgemeinen Erklärung der Menschenrechte ist dieses Recht ein selbstverständlicher Teil unserer Rechtsordnung. Es ist übrigens auch explizite Bestimmung vieler Landesverfassungen, beispielsweise in allgemeinster Form in der Berliner Verfassung nach Artikel 20, Absatz 1: „Jeder Mensch hat das Recht auf Bildung. Das Land ermöglicht und fördert nach Maßgabe der Gesetze den Zugang eines jeden Menschen zu den öffentlichen Bildungseinrichtungen, insbesondere ist die berufliche Erstausbildung zu fördern“, in präzisierter, eingeschränkter Form zum Beispiel in der sächsischen Landesverfassung, Artikel 102: „Das Land gewährleistet das Recht auf Schulbildung.“ Neben solcher an den Menschen- und Grundrechten orientierter Motivation, für mehr Bildungsgerechtigkeit im Lande zu streiten, steht zum anderen immer wieder eine eher pragmatische Motivation. Von solcher eher pragmatisch orientierter Motivation geprägte Teilnehmer am Diskurs über Bildungsgerechtigkeit verweisen gern auf die schädlichen Folgen für die Wirtschaftskraft des Landes, die eintreten, wenn nicht genügend gut ausgebildete Fachkräfte zur Verfügung stehen, und die bereits sichtbaren Probleme, in bestimmten Bereichen solche Fachkräfte zu finden. Beide Motivationstypen (und auch noch weitere, die hier nicht aufgezählt werden müssen), beziehen aber offenkundig die Wurzeln ihres Engagements nicht aus dem Bildungsbegriff. In einem von den zwei dargestellten Fällen folgt dieses aus dem in der Verfassungsordnung als Wert grundgelegten Terminus „Gerechtigkeit“, der dann sekundär auf ein Konzept von Bildung appliziert wird. Im anderen Fall ist Bildung sogar nur ein Mittel zum Zweck der Stärkung der Wirtschaftskraft des eigenen Heimatlandes. Die meisten Menschen aber dürften vermutlich durch ein ganz schlichtes, präthematisches Alltagsempfinden für Gerechtigkeit dazu motiviert sein, sich für Bildungsgerechtigkeit einzusetzen.

Alle diese Motive sind gleichsam von außen an den Bildungsbegriff herangetragen. Anders stellt sich die Lage dar, wenn die Motivation, sich für Bildungsgerechtigkeit einzusetzen, durch einen theologisch grundierten Bildungsbegriff wenigstens mit geprägt ist. Die These, die in dem vorliegenden Essay vertreten wird, ist die folgende: Wenn ein theologisch gehaltvoller Bildungsbegriff entwickelt wird, impliziert er automatisch zugleich ein Konzept von Bildungsgerechtigkeit. Im dritten

Abschnitt wird ein solcher theologisch gehaltvoller Bildungsbegriff entwickelt, indem bei der *Gottebenbildlichkeit des Menschen* angesetzt werden wird. Zum engen Verhältnis zwischen einem so theologisch (und – wie wir sehen werden – christologisch) grundierten Bildungsbegriff und der Forderung nach Bildungsgerechtigkeit kann hier schon so viel gesagt werden: Bereits an der Tatsache, dass *alle* Menschen nach Gottes Ebenbild geschaffen sind, zeigt sich im Grunde, dass der Heilswille Gottes universal ist und ihn keinerlei Schranken von Geschlecht, Rasse oder sozialer Schichtung hinsichtlich seiner Wirkung begrenzen können. Selbstverständlich ist nicht zu allen Zeiten aus der Tatsache der allgemeinen Gottebenbildlichkeit auch unmittelbar ein universeller Heilswille Gottes geschlossen worden. Aber selbst wenn jene Vorstellung einer schlechthinnigen Grenzenlosigkeit göttlichen Heilshandelns in den verschiedenen Büchern Alten wie Neuen Testamentes erst allmählich im

Laufe des Wachstums des heutigen biblischen Kanons theologisch erarbeitet wurde (und in den letzten Jahrzehnten erneut zur bleibenden Erwählung Israels in Beziehung gesetzt wurde), ist sie im höchsten Maß sachgerecht. Und daher muss sich an ihr jedes menschliches Handeln von Christen orientieren. Das gilt natürlich auch für bildendes menschliches Handeln, dem daher ebenfalls keinerlei Schranken von Geschlecht, Rasse oder sozialer Schichtung gesetzt werden dürfen. Schon die neutestamentlichen Briefe formulieren aus guten theologischen Gründen den Heilswillen Gottes universal, obwohl sich der historische Jesus von Nazareth (jedenfalls nach dem Zeugnis des Matthäusevangeliums) nur zu den verlorenen Schafen des Hauses Israel gesandt wusste (Matthäus 15,6)[10]: „Gott will, dass allen Menschen geholfen werde und sie zur Erkenntnis der Wahrheit kommen" (1. Timotheus 2,4). Und so setzte sich auch die Überzeugung durch, dass Jesus von Nazareth unbeschadet seiner persönlichen Überzeugungen als der Christus Gottes für alle Menschen lebte, wirkte, litt, starb und auferstand.

Mit so schlichten Worten ist aber, wie wir im Folgenden zeigen werden, zugleich auch die theologische Basis dessen beschrieben, was wir heutigentags „Bildungsgerechtigkeit" nennen. Denn mit dem emphatischen „alle" – „Gott will, dass *allen* Menschen geholfen werde und *alle* Menschen zur Erkenntnis der Wahrheit kommen" – wird ein schlechterdings zentrales Element göttlichen Heilshandelns in den Blick genommen, seine Zuwendung an *alle* Menschen gleich welcher Nation, welchen Standes, welchen Geschlechts. Was in der besonderen Gabe der Gottebenbildlichkeit an alle Menschen in der Schöpfung grundgelegt war, setzt sich fort und vollendet sich in der Universalität des göttlichen Heilshandelns. Von dieser ebenso grundlegenden wie schlechthinnigen Universalität her muss entworfen werden, was die evangelische

Kirche über Bildungsgerechtigkeit *theologisch* zu sagen hat, und ist, historisch betrachtet, seit der Reformation auch gern von hier aus entworfen worden.

Freilich – und auch das muss gleich zu Beginn angemerkt werden – impliziert dieser traditionelle Ansatz beim Heilshandeln Gottes eine nicht geringe Gefahr: Er muss in jedem Falle so entwickelt werden, dass zwischen dem schöpferischen Handeln Gottes einerseits und dem bildenden Handeln des Menschen keine Verwechslungsgefahr droht, die aus bloßen Ähnlichkeiten jene berühmte im Wesen bestehende Analogie (lateinisch: *analogia entis*) zwischen Gott und Geschöpf konstruiert und damit die kategorialen Differenzen zum Verschwinden bringt. Solche grundsätzlichen Differenzen zwischen Schöpfer und Geschöpfen bestehen schon allein darin, dass die schöpferische Zuwendung Gottes zu allen Menschen aus seinem ewigen Ratschluss hervorgeht und insofern allen göttlichen

Handlungen als beständiges Motiv zugrundeliegt, während wir Menschen in unserer bekannt unstetigen und flüchtigen Natur aus intensiver Zuwendung zu anderen Menschen bisweilen einfach in das Gegenteil absoluten Schweigens verfallen. Schon aufgrund solcher Verhaltensausfälle ist unsere Zuwendung zu Mitmenschen, Freunden und Familienangehörigen kategorial von der Gottes zu allen Menschen unterschieden. Sich angesichts solcher offenkundiger geschöpflicher Mängel trotzdem als der eigentliche Schöpfer von Menschen zu wähnen, ist wohl der perfideste Ausdruck pädagogischer Hybris. Er wird wunderschön in dem bekannten Witz karikiert, dass der deutsche Professor am Anfang die Worte sprach: „Lasset uns Schüler machen nach einem Bild und Gleichnis, das uns ähnlich sei.“ [11]

Bevor ich aber diese anfänglichen thesenhaften theologischen Überlegungen zur Bildungsgerechtigkeit weiter vertiefe, müssen zuerst einmal einige theologische Überlegungen zu einem evangelischen Verständnis von Bildung angestellt werden, auch wenn es dafür allerlei gute Vorarbeiten gibt.[12] Dies wird in einem dritten Abschnitt dieses Essays geschehen. Zuvor werden wir allerdings noch einen Blick auf den klassischen deutschen Bildungsbegriff werfen, der im neunzehnten Jahrhundert geformt wurde und bis heute die Diskussionen (wenn auch nicht immer die pädagogische Praxis) bestimmt.

BILDUNG – KLASSISCH

Warum der Humboldtsche Bildungsbegriff allein nicht ausreicht, um mehr Bildungsgerechtigkeit zu erreichen

Wir sagten, dass die Motivation, sich für Bildungsgerechtigkeit einzusetzen, praktisch nie unmittelbar aus dem Bildungsbegriff selbst stammt (obwohl, wie wir zeigen werden und bereits angedeutet haben, jedenfalls aus einem theologisch grundierten Bildungsbegriff automatisch zugleich ein Konzept von Bildungsgerechtigkeit folgen könnte). Um das zu verstehen, müssen wir noch einmal beim Begriff „Bildung" selbst einsetzen, wie er seit der Mitte des achtzehnten Jahrhunderts verstanden wird.[13] Ich erkläre den überraschenden Befund, dass aus dem klassischen deutschen Bildungsbegriff keineswegs automatisch ein Konzept von Bildungsgerechtigkeit folgt, mit der seltsamen und mindestens den Laien überraschenden Inhaltslosigkeit des Begriffs „Bildung" im Blick auf „Bildungsgüter". Mit anderen Worten: Weil der klassische Bildungsbegriff deutscher Tradition nicht über *Bildungsinhalte* definiert wird und auch die anthropologischen Rahmentheorien bei den großen

Bildungstheoretikern des frühen neunzehnten Jahrhunderts eher etwas blass bleiben, folgt deswegen die Notwendigkeit von *Bildungsgerechtigkeit* nicht unmittelbar aus dem Bildungsbegriff, sondern wird ihm aus anderen Rahmentheorien gleichsam angelagert. Wenn eine solche Anlagerung aber nicht unmittelbar aus dem Bildungsbegriff folgt, ist sie keineswegs notwendig, sondern bis zu einem gewissen Grade arbiträr. Entsprechend ist der ohnehin schon lose Zusammenhang zwischen dem klassischen deutschen Bildungsbegriff und der faktischen Forderung nach Bildungsgerechtigkeit immer wieder einmal in der deutschen Bildungsgeschichte nahezu komplett auseinandergebrochen (und damit leider eben auch zeitweilig jeder Ansatz für eine Realisierung von Bildungsgerechtigkeit entfallen): Die deutschen humanistischen Gymnasien des Kaiserreichs waren ebenso wie die nationalsozialistischen Eliteschulen gewiss nicht an Bildungsgerechtigkeit interessiert, sondern betrieben im Gegenteil ganz bewusst Elitenselektion.

„Bildungsgerechtigkeit“ als politische Forderung ist freilich keine Parole der letzten Jahrzehnte des zwanzigsten Jahrhunderts. Selbstverständlich gab es schon lange vor den Forderungen am Ende der sechziger Jahre, „Bildungsgerechtigkeit“ im deutschen Bildungssystem zu etablieren, den Versuch, die aufgeklärten Modelle einer plural angelegten, schichtenspezifisch differenzierten (und darin ungerechten, an den Ständen der vordemokratischen Gesellschaft orientierten) Bildung zu überwinden. Ein einziges Beispiel: Während der Braunschweiger Pädagoge Johann Stuve (1752–1793) *Verschiedenheit* der Bildung einklagte („Man darf es daher wohl nicht erst beweisen, daß nicht jeder Mensch von allen Seiten in allen seinen Anlagen und Kräften gleich sehr vervollkommnet werden kann. … Der Landmann, der Handwerker, der Soldat, der Künstler, der Gelehrte, der Regent müssen jeder für ihre Verhältnisse und Geschäfte gebildet werden"[14]), forderten Pädagogen wie der Schweizer Johann Heinrich Pestalozzi (1746–1827) und natürlich Wilhelm von Humboldt, wie wir gleich ausführlicher sehen werden, die *allgemeine* Menschenbildung.[15] Wie weit aber das Sachanliegen allgemeiner Menschenbildung überhaupt gegenüber der Notwendigkeit differenzierter Bildung zur Geltung gebracht wurde (die uns so vertraute Differenzierung zwischen einer potentiell allgemeinen Bildung für alle und einer ebenso potentiell nahezu unendlich differenzierbaren Ausbildung ist ja nur eine Form, dieses Sachanliegen zur Geltung zu bringen), war von den jeweiligen politischen Rahmenbedingungen und ideologischen Konfigurationen abhängig. Wer in der deutschen Geschichte die Hierarchien einer ständischen Gesellschaft bewahren wollte oder die Entwicklung hin zur offenen Gesellschaft durch neue Hierarchien stillstellen wollte, war selbstverständlich kaum an einer allgemeinen Menschenbildung interessiert.

Was zu Beginn dieses zweiten Abschnittes unseres Essays über die Bildung aus evangelischer Sicht äußerst knapp und lediglich thesenhaft formuliert wurde, soll nun ein wenig ausführlicher dargestellt werden. Es liegt nahe, die lose Verbindung zwischen dem Begriff „Bildung“ und dem Eintreten für allgemeine Menschenbildung (als einer der Vorformen der Forderung von Bildungsgerechtigkeit) beispielhaft an Wilhelm von Humboldt (1767–1835) zu demonstrieren, da er immer noch als die zentrale Bezugsgröße jeder Diskussion über höhere Bildung hierzulande gilt. Außerdem scheint es ja zunächst einmal so, dass der Bildungsbegriff Humboldts keineswegs in einem losen, sondern durchaus in einem sehr engen Zusammenhang mit dem Ziel der allgemeinen „Menschenbildung“ steht. Im Herbst 1809 verfasste der frisch ernannte Sektionsleiter für Kultus und Unterricht im preußischen

Innenministerium zwei interne Denkschriften zur Reform des Bildungssystems und der Bildungseinrichtungen, die er als „Schulpläne“ bezeichnet. Im sogenannten Litauischen Schulplan, der allerdings erstmals 1920 im Rahmen der kritischen Gesamtausgabe der Werke Humboldts durch die Preußische Akademie der Wissenschaften veröffentlicht wurde, heißt es:

„Alle Schulen aber, deren sich nicht ein einzelner Stand, sondern die ganze Nation, oder der Staat für diese annimmt, müssen nur *allgemeine Menschenbildung* bezwecken. – Was das Bedürfniss des Lebens oder eines einzelnen seiner Gewerbe erheischt, muss abgesondert und nach vollendetem allgemeinen Unterricht erworben werden. Wird beides vermischt, so wird die Bildung unrein, und man erhält weder vollständige Menschen, noch vollständige Bürger einzelner Klassen.“[16]

Humboldt differenzierte bekanntlich streng zwischen einer auf alle Menschen bezogenen Bildung („allgemeine Bildung“) und einer stärker fachspezifischen Ausbildung („spezielle Bildung“; diese schon für Schleiermacher nicht unproblematische Unterscheidung braucht uns hier nicht näher zu beschäftigen)[17] und verpflichtete nicht nur in diesem internen Reformpapier die drei unterschiedlichen Typen von Bildungseinrichtungen, nämlich Elementarschule, Gymnasien und Universitäten, mit Nachdruck auf die „allgemeine Bildung“. Der stoffliche Umfang dieser gemeinsamen Menschenbildung geht für den heutigen Geschmack überraschend weit und wird von Humboldt als „ziemliche Gleichheit“ der Bildung entworfen:

„Denn der gemeinste Tagelöhner und der am feinsten Ausgebildete muß in seinem Gemüt ursprünglich gleichgestimmt werden, wenn jener nicht unter der Menschenwürde roh und dieser nicht unter der Menschenkraft sentimental, schimärisch und verschroben werden soll. Eher könnte es scheinen, dass bei der allmählig fortschreitenden

Bildung die Methode insofern verschieden seyn müsste, als sich das Ziel derselben durch Unterricht als weit oder nahe gesteckt voraussehen lässt. Allein auch hier scheint mir der Unterschied nicht bedeutend. Bleibt man fest dabei stehen, Zahl und Beschaffenheit der Unterrichtsgegenstände nach der Möglichkeit der allgemeinen Bildung des Gemüths in jeder Epoche zu bestimmen, und jeden Gegenstand immer so zu behandeln, wie er am meisten und besten auf das Gemüth zurückwirkt, so muss eine ziemliche Gleichheit herauskommen. Auch Griechisch gelernt zu haben könnte auf diese Weise dem Tischler ebenso wenig unnütz seyn, als Tische zu machen dem Gelehrten."[18]

Auf den zweiten Blick fallen allerdings viele unpräzise Stellen in dieser Bildungstheorie auf: *Zum einen* werden die *Inhalte* der Bildung im „Schulplan" lediglich durch Bezeichnung von Disziplinen angedeutet und in keiner Weise ausgeführt: Schulunterricht ist verbunden mit den

„Hauptfunktionen" des menschlichen Wesens „als gymnastischer, ästhetischer, didaktischer und in dieser letzteren Hinsicht wieder als mathematischer, philosophischer, ... und historischer"[19] – Schulunterricht besteht also aus den Fächern Sport, Kunst und Musik sowie Wissenschaftspropädeutik auf den Gebieten der Mathematik, Geschichte und Philosophie. Ebenso unklar wie die Inhalte der allgemeinen Menschenbildung bleibt leider *zum zweiten* auch das *integrierte Ganze,* auf das die Bildung nach den klassischen einzelnen Disziplinen führen soll. Wir lesen bei Humboldt, dass „der wahre Zweck des Menschen ... die höchste und proportionierlichste Bildung seiner Kräfte zu einem Ganzen"[20] sei. Aber was ist denn nun das „Ganze", zu dem die Kräfte des Menschen gebildet werden sollen, und wer setzt die Proportionen? Wer hält denn die Individualität eines Individuums, deren Vervollkommnung alle Bildung dienen soll, und die Gesellschaft als Gemeinschaft von Individuen im Gleichgewicht? Natürlich könnte man nun darauf verweisen, dass die genannten „Schulpläne" interne Denkschriften mit praktischer Abzweckung für ganz konkrete Bildungslandschaften waren, die nicht als programmatische Manifeste eines „Humboldtschen Bildungsideals" dienen sollten, auch wenn sie seit nunmehr neunzig Jahren so verwendet werden. Aber es bleibt die Frage, ob es irgendwo bei Humboldt im Hintergrund solcher praktischen Reformüberlegungen überhaupt eine konsistente Gesamttheorie gab, die das Ganze einer allgemeinen Menschenbildung zu der Proportionalität bestimmter disziplinär verstandener Bildungsinhalte in Beziehung setzte. Der Berliner Bildungshistoriker Heinz-Elmar Tenorth antwortet auf solche naheliegenden Fragen ganz nüchtern: Humboldt, so schreibt er, „hat keine systematisch ausgearbeitete und in sich konsistente Theorie von Bildung und Universität entwickelt"[21]. Wahrscheinlich kann man sogar noch einen

Schritt weiter als Tenorth gehen: Humboldt ist ein Paradebeispiel dafür, dass in der klassischen deutschen Tradition die Auffüllung des Bildungsbegriffs sowohl mit Bildungsinhalten als auch mit anthropologischen Rahmentheorien, um es etwas

pointiert zu formulieren, je nach individuellen Vorlieben, herrschender intellektueller Mode und philosophischen wie politischen Rahmendaten vorgenommen wurde.[22]

Diese doppelte, aber im Detail etwas beliebige Ergänzung kann man bei Humboldt gut studieren. Zunächst zu den Inhalten jener allgemeinen Menschenbildung: An einem einzigen Punkt präzisiert Humboldt im Litauischen Schulplan seine Vorstellung von den Inhalten des Unterrichts und man erkennt, dass für den Antiken-Liebhaber Griechisch-Kenntnisse offenkundig eine zentrale Bedeutung für das rechte (meint: gleichförmige) Gleichgewicht aus passiver Menschenwürde und aktiver Menschenkraft hatten. Die Geschichte der

Lehrinhalte im Schulfach „Griechisch“ zeigt freilich, dass es hier selbstverständlich auf weitere Details angekommen wäre: An die Lektüre welcher antiker Texte hatte Humboldt denn bei seiner Idee eines Griechisch-Unterrichts für Tischler gedacht? Im klassischen humanistischen Gymnasium deutscher Tradition traktierte die künftige gesellschaftliche Elite im Lateinunterricht seit den Lehrplanrevisionen des neunzehnten Jahrhunderts als ersten längeren antiken Text den „Gallischen Krieg“ Caesars und im Griechisch-Unterricht Xenophons „Anabasis“. Vermutlich wurden diese zwei antiken Berichte über Militärzüge durch fremdes Territorium einstmals so gern behandelt, weil man die Schüler so am besten auf ihre militärischen und politischen Funktionen in der Gesellschaft des Kaiserreichs vorbereiten konnte. Verwunderlich bleibt nur, dass eben diese Texte noch bis weit in die achtziger Jahre des *zwanzigsten* Jahrhunderts in deutschen Gymnasien gelesen wurden, obwohl sich der Erziehungsauftrag der Schule heute doch deutlich von dem des kaiserzeitlichen Gymnasiums unterscheidet.[23] An diese zur vormilitärischen geistigen Ertüchtigung bestimmten antiken Texte hatte Humboldt bei seiner Vorstellung, künftigen Tischlern Griechisch beizubringen, wohl eher nicht gedacht. Aber an welche dann? Etwa an den griechischen Tragiker Aeschylus, den Humboldt selbst übersetzt hat?[24]

Fragt man nun aber auch noch nach den bei Wilhelm von Humboldt implizit vorausgesetzten anthropologischen Rahmentheorien, die überhaupt nur verständlich machen können, wie sich „das Ganze" und die einzelnen Lehrinhalte in Schule wie Universität aufeinander beziehen, dann zeigen sich Spuren genau derjenigen Beliebigkeit, die wir schon bei den Inhalten der Bildung beobachten konnten. Um Humboldt zu verstehen, muss man – wie Heinz-Elmar Tenorth schreibt – beispielsweise das Humanitätsideal Friedrich Schillers, aber auch seine „bildungstheoretischen und universitätspolitischen Gegner und Unterstützer von Fichte bis Schleiermacher mit ins Kalkül" ziehen.[25] Erst dann begreift man die anthropologische Rahmentheorie, die seinen reichlich abstrakten Bildungsbegriff trägt. Allgemeine Menschenbildung besteht darin, wie es in einem Brief an Schiller aus dem Jahre 1797 heißt, „was in dem Subjekt einer Vervollkommnung zum Ideal fähig ist, ... zu reinigen, zu erhalten und zu steigern"[26] oder, wie Christian Albrecht etwas knapper formuliert, „in der unendlichen Annäherung von Individualität an Idealität"[27]. Bildung ist also ein potentiell unendlicher, unabgeschlossener Prozess, in allen Menschen schlummernde Anlagen zu entfalten und zu vervollkommnen. Wie genau diese angezielte Idealität wahrhafter Menschlichkeit zu beschreiben ist, wird bei Humboldt eher angedeutet als wirklich ausgeführt. Christian Albrecht hat gezeigt, dass bei dem sicher nicht traditionell christlich denkenden

Humboldt durchaus auch Restbestände religiös grundierter Bildungstheorien verwendet werden, wenn er doch einmal die Rahmentheorie seines Bildungsbegriffs zu entfalten versucht und etwas länger über die unendliche Selbstentfaltungskraft (Entelechie) des Individuums spricht. Da kann man dann lesen, dass der sittliche Mensch sich „durch das Anschauen der höchsten idealistischen Vollkommenheit im Bilde der Gottheit" bilde. Und weiter heißt es (in einem frühen Text über Religion von 1789):

„Denn alle Bildung hat ihren Ursprung allein in dem Innren der Seele, und kann durch äußere Veranstaltungen nur veranlasst, nie hervorgebracht werden. Dass nun die Religion, welche ganz auf Ideen, Empfindungen und innrer Überzeugung beruht, ein solches Mittel sei, ist unleugbar."[28]

Wenn aber allgemeine Menschenbildung „in der unendlichen Annäherung von Individualität an Idealität" (Christian Albrecht)[29] besteht, dann ist die mangelnde inhaltliche Konkretion des allgemeinen Bildungsbegriffs im Blick auf die Bildungsgüter unmittelbar durch die etwas unpräzise anthropologische Rahmentheorie bedingt: Unendlichkeit ist höchste Abstraktion und damit (jedenfalls in der klassischen Philosophie) das Gegenteil von konkreter Bestimmtheit.

In ganz ähnlicher Weise braucht man aber schließlich weitere zusätzliche Rahmentheorien, um von Humboldts am Individuum orientierten Bildungsbegriff zu seiner an der Gemeinschaft orientierten Konzeption von Bildungsgerechtigkeit zu gelangen. Wir sahen bereits, dass der zeitweilige Sektionschef im preußischen Innenministerium durchaus ein Gefühl für Bildungsgerechtigkeit besaß, beispielsweise, wenn er in seinem Litauischen Schulplan aus dem großen Reformjahr 1809 die Gleichstimmung des Gemüts von gemeinstem Tagelöhner und am feinsten Ausgebildetem fordert.[30] Humboldt forderte daher für allen Schulunterricht nur „Ein und dasselbe Fundament“[31], aber diese Forderung nach Bildungsgerechtigkeit ergibt sich nicht schnurstracks aus seinem auf die ideale, unendliche Entelechie des Individuums hin orientierten Bildungsbegriff, sondern aus den politischen Idealen der französischen Revolution und ihren anthropologischen Grundannahmen, wie sie beispielsweise in der „Déclaration des Droits de l'Homme et du Citoyen“ 1789 formuliert wurden: Freiheit, Gleichheit und Brüderlichkeit werden als Ideale im Hintergrund des Bildungsideals in irgendeiner Form vorausgesetzt, aber (aus durchaus verständlichen politischen Gründen) nicht expliziert, selten als Begriffe explizit nebeneinander gebraucht: Wer in Preußen die Trias der französischen Revolutionäre explizit über die Lippen gebracht hätte, wäre kaum in die Kultusbürokratie eines Landes berufen worden, das die Nachwirkungen dieser Revolution in Form einer handfesten Staatskrise zu spüren bekam, die das Königreich in der Mitte Europas an den Rand seiner Existenz brachte.

Soweit unsere knappe Analyse eines magistralen Beispiels, des großen deutschen Bildungs- und Universitätsreformers Wilhelm von Humboldt. Wir haben gezeigt, dass selbst bei einem Bildungstheoretiker, bei dem man es nun wirklich nicht erwarten möchte, der Zusammenhang zwischen dem Bildungsbegriff und der Forderung nach Bildungsgerechtigkeit („allgemeiner Menschenbildung“) ebenso lose ist wie die Verbindungen zwischen Bildungsbegriff, Bildungsinhalten und vorausgesetzter anthropologischer Rahmentheorie. Christian Albrecht formuliert freundlicher: „In der Humboldtschen Fassung hat der Bildungsbegriff jene strukturelle Offenheit und Dynamizität gewonnen, die ihn in mannigfaltige Richtungen entfaltbar macht, so etwa für Tendenzen zur Pädagogisierung der Bildung, zur Institutionalisierung der Bildung und auch für Tendenzen kulturpessimistischer Bildungskritik."[32] Um die Behauptung zu belegen, dass diese vergleichsweise losen Verbindungen für die Geschichte des Bildungsbegriffs in Deutschland überhaupt charakteristisch sind, müsste nun ein Durchgang durch eben diese Geschichte erfolgen. Man könnte meine Beobachtungen freilich auch an der Geschichte der Berliner Universität und der Schulen in der brandenburgischen-preußischen Hauptstadt explizieren und würde dann mindestens an den Wirkungen sehen, dass die Diagnose der grundlegenden Mängel nicht ganz falsch sein kann: Es ist eben durchaus kein durch den zunehmenden Einfluss der antifranzösischen Reaktion bedingter historischer Zufall, dass bei der konkreten Umsetzung des Humboldtschen Bildungsideals an Schule wie Universität die Anteile allgemeiner Menschenbildung am (anachronistisch gesprochen) Bildungsgesamtplan systematisch zurückgedrängt wurden und die speziellen Bildungsanteile (die wir „Ausbildung" zu nennen pflegen) ebenso systematisch erhöht wurden. Die grundsätzliche Verschiebung der Gewichte weg von der „allgemeinen Menschenbildung" und damit das Verblassen des ursprünglichen Humboldtschen, aus der Französischen Revolution übernommenen Gerechtigkeitspathos wurde aber, wie wir sahen, nicht zuletzt durch die lose, untheoretische Konstruktion seines Bildungsbegriffs ausgelöst. Wir wollen nun aber diesen historischen Pfad nicht weiterverfolgen, sondern noch einmal grundlegender ansetzen.

Möglicherweise hängt die seltsame Unterbestimmung und Inhaltslosigkeit des klassischen deutschen Bildungsbegriffs, die wir paradigmatisch an Wilhelm von Humboldt studiert haben, nicht nur an individuellem Vermögen und institutionellem Kontext der Arbeiten dieses großen deutschen Bildungsreformers und seiner vielen Nachfolger. Der französische Soziologe Pierre Bourdieu (1930–2002) hat jedenfalls behauptet, dass es sich bei dem klassischen Bildungsideal in Wahrheit um bloße „Bildungstitel“ handle, um Bildungspatente wie Abitur, Studienabschluss oder Doktortitel, die aufgrund ihres formalen Charakters wie einst der Adelstitel Zugang zu bestimmten gesellschaftlichen Funktionseliten und Berufsgruppen gewähren. Wenn man diese These auf die große preußische Reformzeit zu Beginn des neunzehnten Jahrhunderts übertragen will, müsste man so formulieren: Mit der Bildungsreform wurde angesichts der Umwälzungen der französischen Revolution, die das klassische, Adel privilegierende Nobilitätsprinzip der ständischen Gesellschaft stark erschüttert hatten, eine neue Möglichkeit gesellschaftlicher Schichtendifferenzierung (Stratifizierung) eingeführt. Die inhaltliche Füllung eines solchen Bildungsideals mit konkreten Bildungsinhalten wäre nach Bourdieu also nicht nur (wie in der deutschen Tradition) etwas arbiträr, sondern für seine Funktion im Kern beliebig,[33] weil es bei Bildung, folgt man seiner These, in Wahrheit mehr auf soziale Reputation vermittels eines Bildungstitels und weniger auf wirkliches Gebildetsein von Individuen in einer Gemeinschaft ankommt. Dort aber, wo Bildung so funktioniert, wie Pierre Bourdieu es beschreibt, besteht im Grunde gar kein Zusammenhang mehr zwischen dem Bildungsbegriff und einer wie auch immer gearteten Forderung nach Bildungsgerechtigkeit, weil ein derartiges Bildungsideal notwendigerweise soziale Differenzierung intendiert und gerade nicht die Angleichung sozialer Verhältnisse.

Trifft diese kritische These des französischen Soziologen im Blick auf die Bundesrepublik (die sich gern nach einem Vorschlag der Bundeskanzlerin als *Bildungs*republik Deutschland bezeichnet) zu? Ein Bildungsforscher oder Soziologe könnte vermutlich die oben angedeuteten Indikatoren der sozialen Unausgewogenheit unsers Bildungssystems [34] leicht mit Bourdieus Beschreibung der sozial klassifizierenden Funktion von Bildung als Verleihung bloßer Bildungstitel verbinden. Selbstverständlich intendierte Humboldt solche Wirkungen nicht, die seinem Ideal einer „allgemeinen Menschenbildung" stracks zuwiderlaufen, aber er nahm sie unwissentlich durch seine vielen Unbestimmtheiten in Kauf. Und in jedem Fall belegt die These Bourdieus, dass der in der klassischen deutschen Tradition gewöhnlich eher lose und indirekte Zusammenhang zwischen dem Bildungsbegriff und der Forderung nach Bildungsgerechtigkeit höchste Aufmerksamkeit verlangt, da er als einer der vielen Gründe für ungerechte Bildungsverhältnisse funktionieren kann. Und umgekehrt gilt natürlich: Will man ungerechte Bildungsverhältnisse an der Wurzel bekämpfen, braucht es einen Bildungsbegriff, aus dem die Forderung nach Bildungsgerechtigkeit ganz unmittelbar folgt. Der Bildungsbegriff der klassischen deutschen Tradition, wie wir ihn in den Schriften des Bildungsreformers Wilhelm von

Humboldt entfaltet finden, kann zu diesem Zweck, wie wir sahen, kaum dienen, jedenfalls nicht ohne größere Retuschen. Für einen Theologen liegt es daher nahe, einen theologischen Bildungsbegriff zu entwickeln, der eben diese spezifischen Anforderungen erfüllt und von daher vielleicht auch für Menschen interessant ist, die der christlichen Tradition – vielleicht auch gerade der christlichen Bildungstradition – skeptisch gegenüberstehen. Ihm wird freilich dabei als Warnung dienen, was der praktische Theologe Christian Albrecht in der Einleitung seiner Monographie über „Bildung in der praktischen Theologie" über den Begriff „Bildung" geschrieben hat:

„Bildung ist ein geschundenes und verschlissenes Wort, der Begriff steht gegenwärtig, nach einer längeren Phase der Verdrängung, für alles und für nichts und fungiert als ein Passepartout, unter dessen Flagge für das Gelingen kultureller Wertsetzungs- und Sinnvermittlungspraxis ebenso wie für die Beherrschung von Rechtschreibregeln gesegelt wird."[35]

In einem vierten und letzten Abschnitt muss daher nach der theologischen Vertiefung des Bildungsbegriffs noch einmal eigens seine praktische Anwendbarkeit überprüft werden, damit hier nicht als Ergebnis einer Bemühung um Klärung und Präzisierung der Beliebigkeit Vorschub geleistet wird. Zuvor wird aber nun die bereits thesenhaft angedeutete theologische und christologische Grundierung des Bildungsbegriffes in der Gottebenbildlichkeit des Menschen ausführlicher entfaltet.

64

BILDUNG – THEOLOGISCH

Wie aus der Gottebenbildlichkeit des Menschen Bildungsgerechtigkeit folgen kann

Schon zu Beginn dieses Essays war knapp die These angedeutet worden, dass ein bestimmtes theologisches Verständnis von Bildung es ermöglicht, die Forderung nach Bildungsgerechtigkeit gleichsam integral aus dem Bildungsbegriff abzuleiten. Ein solches evangelisch profiliertes, aber ökumenisch offenes Verständnis von Bildung, bei dem im Unterschied zum klassischen deutschen Bildungsbegriff ein organischer Zusammenhang zwischen Bildungsbegriff und der Forderung nach Bildungsgerechtigkeit besteht, soll jetzt in einem dritten Teil dieses Essays entfaltet werden. Schließlich werden in einem vierten und letzten Abschnitt vor dem Hintergrund eines solchen Begriffs auch einige konkrete Vorschläge für mehr Bildungsgerechtigkeit in unserem Land gemacht werden.

Wenn wir einen solchen theologisch grundierten Begriff von Bildung formulieren wollen, der Bildungsgerechtigkeit von vornherein in sich einschließt, dann sollten wir uns als Christenmenschen auch nicht scheuen, bei biblischen Texten zu beginnen. Es irritiert mindestens ein wenig, wenn Überlegungen zum protestantischen Bildungsbegriff im Kern gegenwärtig gern bei Schleiermacher ansetzen und im Lichte dieses bedeutenden Berliner Pfarrers und Theologieprofessors dann noch eine Deutung der Reformatoren Luther und Melanchthon nachreichen. Ich möchte dagegen – wie es einer im Kern ziemlich alten theologischen Tradition entspricht, die auf die deutsche Mystik und im Besonderen auf Meister Eckhart zurückgeht[36] – meinen Ansatz für die theologische Begriffsbestimmung von Bildung bei der *Gottebenbildlichkeit* nehmen.[37]

Eine solche theologisch grundierte Bestimmung des Begriffs „Bildung“ ist keineswegs selbstverständlich oder allgemein verbreitet. Im Gegenteil: Mit einem solchen Ansatz bei der Gottebenbildlichkeit, wie wir ihn vorschlagen, ergibt sich ein interessanter Gegensatz zu einem der evangelischen

Theologie seit dem neunzehnten Jahrhundert völlig selbstverständlichen Zugang, der seinen Ausgangspunkt für die Bestimmung des Begriffs „Bildung" – wie Christian Albrecht im Anschluss an Trutz Rendtorff nachgezeichnet hat – bei dem Begriff „Umbildung" nimmt. Das bedeutet: „Bildung" wird hier als „Umbildung" interpretiert, als Verstehen eben jener bestimmten Kultur, in die sich das Christentum wie auch jeder einzelne Christenmensch gerade inkulturiert (oder akkulturiert).[38] So wie das historisch überkommene Christentum in diesem Vorgang der Inkulturation umgebildet wird, so wird jeder einzelne Christenmensch in seiner individuellen Bildungsgeschichte im Blick auf eine bestimmte Kultur und von ihr her umgeformt.[39] Auch wenn dieser protestantische Bildungsbegriff seit dem neunzehnten Jahrhundert weit verbreitet ist und gegenwärtig auch wieder von vielen Fachleuten vertreten wird, scheint er mir gleichwohl nicht unproblematisch. Nimmt er doch zu wenig ernst, dass man Bildung nicht einfach als das Einfüllen bestimmter Bildungsgüter oder das Hinführen auf bestimmte Bildungsleistungen (wie Kulturverstehen) begreifen darf, sondern zugleich immer auch als die Förderung der Selbsttätigkeit des Individuums und die Entfaltung seiner natürlichen Anlagen. Insbesondere diese beiden letzten Dimensionen sollte man eher nicht als „Umbildung" bezeichnen. Der deutsche Begriff „Entfaltung" setzt einen deutlich anderen Akzent als der Ausdruck „Umbildung". Außerdem wird bei dem weit verbreiteten Ansatz, „Bildung" als „Umbildung" im Blick auf eine bestimmte Kultur und von ihr her zu interpretieren, der Kultur ziemlich einseitig eine schlechterdings dominierende Kraft im Prozess der Bildung zugewiesen. Auf diese Weise wird aber nicht genug deutlich, *von woher* im bildenden Handeln eine bestimmte Kultur verstanden wird und *worauf hin* daher ihre konkrete Gestalt transformiert wird – wir interpretieren doch als Christenmenschen Kultur im Licht des Evangeliums von Jesus Christus und gestalten sie von daher um oder sogar teilweise gänzlich neu. Wir werden in jedem Fall nicht nur von einer Kultur umgestaltet und neu geformt. Natürlich könnte man nun einwenden, dass wir umgekehrt das Evangelium, von dem aus wir die Kultur formen, auch nur in seinen kulturell bedingten Gestalten haben. Aber darauf müsste man nun wieder replizieren, dass wir ja diese kulturell bedingten Gestalten auch immer wieder transzendieren können, da sich nach evangelischem Verständnis das Evangelium selbst kulturgestaltend, aber eben auch kulturkritisch zur Geltung bringt. Mit anderen Worten: Der spannungsreiche hermeneutische Zirkel des Verstehens im Blick auf das Verhältnis von Evangelium und Kultur realisiert sich in Form von Kulturbejahung, aber eben auch in Form von Kulturkritik. Dieses Wechselverhältnis sollte ein christlicher Bildungsbegriff zum Ausdruck bringen. Die oben beschriebene Art und Weise, „Bildung“ als „Umbildung“ zu verstehen, ist aber zu wenig gegen das Missverständnis abgesichert, dass es sich bei dem wechselweisen Prägungsverhältnis von Evangelium und Kultur in Wahrheit doch um ein einseitiges Prägeverhältnis handelt.

Wir setzen demgegenüber, wie bereits angedeutet, bei der Gottebenbildlichkeit an, um sowohl die Dimensionen von Selbsttätigkeit und Entfaltung als auch die doppelte Gestalt von Kulturaffirmation und Kulturkritik im Licht des Evangeliums besser zur Geltung zu bringen. Diese theologische (und, wie wir gleich sehen werden, christologische) Grundierung des Bildungsbegriffs entspricht übrigens auch seiner allerersten, mittelalterlichen sprachlichen Bedeutung. Freilich darf man unseren Ansatz bei der Gottebenbildlichkeit nicht mit einer naiven, bloßen Repristination der allerersten, anerkanntermaßen theologischen Bedeutung eines zeitgenössischen und ziemlich säkularisierten Allerweltswortes verwechseln (wiewohl dies vielleicht von einem Kirchenhistoriker zu befürchten wäre) und schon gar nicht mit einem neuzeitkritischen Unternehmen der Wiederbelebung eines weitgehend unverstandenen, abhanden gekommenen oder jedenfalls lebensweltlich folgenlosen Theologumenons. Intendiert ist schließlich auch kein ahistorischer Sprung in die Vorgeschichte des heutigen Bildungsbegriffes, vielmehr wird der gängigen Praxis gefolgt, bei einer Aporie gegenwärtiger Begriffsverwendung zunächst einmal nach Hilfe in der Begriffsgeschichte zu suchen. Wir beginnen diesen begriffsgeschichtlichen Exkurs allerdings nicht erst im neunzehnten Jahrhundert, sondern schon deutlich früher, nämlich im Mittelalter.

Freilich zeigt ein solcher Blick in die Begriffsgeschichte, den wir hier natürlich nur äußerst ausschnitthaft vornehmen können, dass es schon im Mittelalter beim Begriff „Bildung“ keine semantische Eindeutigkeit gegeben hat. So beginnt der höchst informative Artikel „Bildung“ von Rudolf Vierhaus in den „Geschichtlichen Grundbegriffen“ mit der Information, dass die früheste Bedeutung unseres Begriffs sowohl „‚Bild‘, ‚Abbild‘, ‚Ebenbild‘ (*imago*), als auch ‚Nachbildung‘“ sei, dazu *forma* und *formatio*.[40] Der Mediävist Alois M. Haas hat beschrieben, wie die außerordentlich häufig verwendete Vokabel ‚bilde‘ bei Meister Eckhart (um 1260–1328) als „‚Kennwort‘ mit breiter semantischer Funktion“ fungiert und weitere lateinische Äquivalente beigebracht: *ratio, exemplar* sowie *phantasma* und *species*.[41] Wenn man sich dieses breite semantische Feld anschaut, wird deutlich, dass der Begriff „Bildung“ im Deutschen immer schon eine gewisse Offenheit besaß (um nicht zu sagen: eine ererbte Undeutlichkeit) und eine theologische Grundierung durch die Gottebenbildlichkeit denselben keineswegs auf einen vorgeblich eindeutigen historischen Ursprung zurückführt. Gottebenbildlichkeit war auch schon zu Beginn nur eine mögliche Bedeutungsdimension des Begriffs „Bildung“. Eine sorgfältige Analyse der Texte der deutschen Mystiker und Eckharts insbesondere könnte zudem auch zeigen, dass schon hier der Bildungsbegriff mit unterschiedlichen Rahmentheorien (nämlich solchen, die aus biblischen Texten entnommen wurden, und solchen, die aus neuplatonischen Werken stammten) aufgefüllt wurde und auch hier Unklarheiten wie Spannungen bleiben.[42]

Wir beginnen nun, wie angekündigt, bei den maßgeblichen biblischen Texten für die christliche Vorstellung von der Gottebenbildlichkeit. Ich setze allerdings genauer bei denjenigen Texten der jüdischen und christlichen Bibel ein, die nicht einfach wie der schlechterdings grundlegende Text Genesis 1,26/27 *den Menschen* als geschaffenes Ebenbild Gottes bestimmen, sondern formulieren, dass der Mensch *nach* dem Bilde und Gleichnis Gottes geschaffen ist und also zwischen Schöpfer und Geschöpf ein Bild oder ein Modell annehmen, nach dessen Urbild Gott den Menschen als Abbild schafft. Diese Vorstellung von der Schöpfung *nach* dem Bild Gottes begegnet erstmals in der griechischen Übersetzung der hebräischen Genesis, aber auch bei Jesus Sirach (Sirach 17,3f.). Entsprechend heißt es in der Septuaginta an der magistralen Genesis-Stelle: „Und Gott sprach: ‚Wir wollen einen Menschen machen nach unserem Bild und nach (der) Ähnlichkeit" (Genesis 1,26). Vorausgesetzt ist die gemeinantike Vorstellung, dass zu einem körperlichen Gegenstand ein geistiges Modell existieren muss, wohl am eindrücklichsten philosophisch gefasst in der Ideenlehre Platons. Das hellenistische Judentum, das wahrscheinlich in kritischer Auseinandersetzung mit der zeitgenössischen Philosophie die Vorstellung von der Schöpfung des Menschen nach einem Modell formte, und vor allem der Religionsphilosoph Philo von Alexandrien (ein Zeitgenosse des Paulus) haben natürlich sofort weitergefragt, mit welcher ihnen bekannten Größe dieses von Gott verwendete Modell identifiziert werden kann.[43] Der irdische Mensch ist nach Philo nur ein „Bild des Bildes“; der Logos, die ursprünglich stoische, apersonale Weltvernunft, dagegen das Bild, nach dessen Bild der Mensch zum „Bild des Bildes“ geschaffen wurde:

„Wenn aber schon der Teil (sc. der Welt, der der Mensch ist) Abbild eines Bildes ist, also auch die ganze Gattung, diese ganze sinnlich wahrnehmbare Welt, da sie ja größer ist als das menschliche Abbild, eine Nachahmung des göttlichen Bildes, so ist klar, dass das ursprüngliche Siegel (sc. das Urbild), wie wir die gedachte Welt nennen, die Vernunft Gottes selbst ist.“[44]

Das frühe Christentum hat die jüdisch-hellenistische Antwort, nämlich die Identifikation jenes Modells mit dem Logos, der Weltvernunft Gottes, übernommen und diesen Logos wiederum mit Jesus Christus identifiziert. Von Christus heißt es im Hymnus des Kolosserbriefes: „Er, der das Bild des unsichtbaren Gottes ist“ (Kolosser 1,15a).[45] Es verwundert natürlich nur wenig, dass nach Ansicht der frühen Christen die Einbeziehung der Verbindung zu Christus in eine christlich verantwortete Rede von der Gottebenbildlichkeit des Menschen notwendig war, selbst wenn diese Redeweise im kanonisch gewordenen Neuen Testament nicht eben sehr häufig belegt ist.[46] Eher ist schon überraschend, dass im Neuen Testament diese schlichte Identifikation des Modells, das Gott bei der Schöpfung des Menschen verwendete, mit Jesus Christus noch einmal ergänzt wird und so der ganze Gedankengang des hellenistischen Judentums noch einmal massiv aufgeladen wird: Jesus Christus ist nicht nur das Modell, nach dem die Menschen geschaffen wurden, sondern der Anfangs- und Zielpunkt aller Schöpfung, der, auf den alles hin geschaffen wurde (Kolosser 1,16) und der durch die Auferstehung von den Toten zugleich auch Anfangs- und Zielpunkt der heilenden Neuschöpfung aller Dinge ist.[47]

Wenn aber die Person Jesus Christus und nicht eine abstrakte Weltvernunft Gottes das modellgebende Bild Gottes für die ganze Schöpfung ist (2. Korinther 4,4; Kolosser 1,15; vgl. auch Hebräer 1,3), dann ist gerade auch der Mensch nach dem Bild und Gleichnis Jesu Christi geschaffen und folglich jeder theologisch orientierte Bildungsbegriff mit Blick auf Jesus Christus zu entwickeln. Diese auf den ersten Blick schlichte Aussage hatte in der Antike provokatorischen Charakter und hat ihn bis in die Neuzeit, ja bis in unsere Gegenwart hin nicht verloren: Jesus Christus und nicht ein unpersönliches Prinzip ist das „Abbild des unsichtbaren Gottes" (Kolosser 1,15); „Bild" wird also durch diese Identifikation zu einem Ausdruck, der die einzigartig enge Beziehung zwischen Vater und Sohn wiedergeben soll.[48] Oder noch einmal anders: Bild zu sein bedeutet nach dem Zeugnis der oben zitierten neutestamentlichen Texte Sohn beziehungsweise Tochter zu sein; in der Gotteskindschaft realisiert sich die wahre Ebenbildlichkeit der Menschen. Wenn Paulus über den Auferstehungsleib der Christen spricht (1. Korinther 15,49 und Philipper 3,20f.), dann wird zugleich deutlich, dass diese Kategorie der Christus ebenbildlichen Gottebenbildlichkeit nichts Statisches an sich hat: Die Umgestaltung, die Metamorphose des vergänglichen Menschen hat durch die Gabe des Geistes (Römer 8,23) begonnen und wird dereinst in der Auferstehung von den Toten vollendet werden (Römer 8,21). Und noch einmal anders formuliert: „Bildung“ im Sinne dieser Texte ist erst dann vollendet, wenn der Christ zum Gotteskind neu gebildet und neu geschaffen wurde von Gott in der Auferstehung von den Toten. Sie ist präzise aber dann auch vollendet und kein ewiger, stets unabgeschlossener Prozess wie im klassischen deutschen Bildungsideal Humboldts.

Es kann hier nun nicht darum gehen, die Geschichte dieser neutestamentlichen Vorstellungen in der christlichen Theologiegeschichte nachzuzeichnen und zu beschreiben, wie beispielsweise in der Geschichte der Kirche über die Identifikation der doppelten Ebenbildlichkeit von Mensch, Modell und Urbild nachgedacht und gestritten wurde – obwohl natürlich die unterschiedlichen Antworten auf die Frage, woran an konkreten vorfindlichen Menschen seine Ebenbildlichkeit ablesbar ist, spannend zu verfolgen sind und für unsere Frage nach einer theologischen Grundierung des Bildungsbegriffs durchaus Bedeutung haben. Geht es, wenn von Ebenbildlichkeit die Rede ist, nur um die Seele oder bestimmte geistige Kräfte des Menschen oder auch um seinen Körper und dessen Emotionen? Betrifft Bildung nur die intellektuellen Kräfte des Menschen, besteht sie aus bestimmten Kenntnissen oder soll durch Bildung ein ganzer Mensch umgeformt und gestaltet werden? Die entsprechende

Tradition ist bereits vorchristlich; schon der erwähnte jüdische Religionsphilosoph Philo von Alexandrien wandte sich dagegen, dass man die Ähnlichkeit von Gott und Mensch in einer Eigentümlichkeit des menschlichen *Körpers* suchen dürfe: „Denn weder hat Gott menschliche Gestalt noch ist der menschliche Körper gottähnlich.“[49] Aber selbst wenn seit der Antike eine ganze Wolke von Zeugen behauptete, dass die Ebenbildlichkeit des Menschen zum Ebenbild Gottes nur im Geist zu suchen sei (so neben Philo beispielsweise auch Calvin[50]), ist doch heute deutlich, dass ein solcher kategorischer Ausschluss des Körpers weder dem biblischen Gottesbild noch einer biblisch grundierten Anthropologie gerecht wird.[51] Sicher ist aber auch, dass christliche Theologen seit der Antike die Akzentuierung der doppelten Abbildlichkeit des Menschen als Abbild des Abbildes Jesus Christus eher noch deutlicher betont haben, als es die etwas spärlichen Belege der Vorstellung im

Neuen Testament erwarten lassen, insbesondere in den theologischen Auseinandersetzungen mit den sogenannten Gnostikern.[52] Das Mittelalter schließlich hat (dabei auf antike Vorläufer zurückgreifend) in den unterschiedlichen scholastischen Theologien sehr präzise unterschieden zwischen der Gottebenbildlichkeit als einem unverlierbaren Zustand des Menschen und einer aktuellen, potentiell verlierbaren Gottverbundenheit in Form der Sündlosigkeit.[53] Der Zustand (oder präziser: die wesensbestimmende Eigenschaft) der Gottebenbildlichkeit bleibt stets bewahrt und konstitutiv, die Verbundenheit mit Gott kann bestehen oder eben auch nicht. Die Reformatoren schließlich haben in der frühen Neuzeit die statisch gedachte Vorstellung von den Urbild-Abbild-Beziehungen zwischen Mensch, Christus und Gott in einer dramatischen Weise dynamisiert (wie zuvor ansatzweise schon die deutschen Mystik): Sie haben nämlich auf der Basis von Überlegungen des spätantiken nordafrikanischen Bischofs Augustinus von Hippo (354–430 n.Chr.) betont, dass die durch den Sündenfall verlorene Ebenbildlichkeit des Menschen zwar in der Taufe wiederhergestellt wird, aber während der irdischen Existenz zugleich nachhaltig beschädigt bleibt durch die Sünde:[54] Der Mensch ist, wie es in der bekannten Formel heißt, zugleich Gerechter und Sünder (*simul iustus et peccator*), auf dem Wege, in das verlorene Ebenbild des Ebenbildes zurückgeformt zu werden und doch immer wieder weit davon entfernt, es zu sein. Mit anderen Worten: Die Reformatoren verstehen die Gottebenbildlichkeit zugleich als Zustandsbeschreibung und als Verhältnisbestimmung. Sie bringen also wieder zusammen, was im Mittelalter auseinandergefallen war.[55] Mit anderen Worten: Der Mensch ist nach evangelischer Vorstellung zugleich Ebenbild des Ebenbildes Gottes und ist es dann auch wiederum noch nicht im vollen Sinne, sondern ist – um einen Ausdruck der philosophischen Anthropologie des zwanzigsten Jahrhunderts zu verwenden – ein Mängelwesen, das seine Mängel zum Teil deutlich sichtbar mit sich herumschleppt.[56] Als Ebenbild des Ebenbildes Jesus Christus aber hat er, wie schon beim Apostel Paulus deutlich wird (Römer 6,3–8), Anteil an dessen Todesschicksal, um dadurch auch Anteil an dessen Auferstehung zu bekommen. In der Reformation wird diese theologische Einsicht aufgegriffen und vor dem Hintergrund des Christushymnus im paulinischen Philipperbrief (2,6–11) festgehalten, dass der Gottes Bild ebenbildliche Mensch sowohl Anteil am Herr-Sein Christi hat als auch am Knecht-Sein Christi; er ist ein freier Herr über alle Dinge und niemand untertan und zugleich ein dienstbarer Knecht aller Dinge und jedermann untertan, wie es zu Beginn von Luthers Schrift über die Freiheit eines Christenmenschen von 1520 heißt.[57] Die besonders auf das Wort Gottes konzentrierte theologische Reflexion des vergangenen Jahrhunderts hat schließlich darauf aufmerksam gemacht, dass sich die Gottebenbildlichkeit vor allem darin zeigt, dass der Mensch auf das Wort angewiesen ist, weil sich sein Wesen überhaupt erst durch Hören konstituiert. Indem der Mensch hört, ist er der dem redenden Gott *entsprechende Mensch*.[58] Und indem er durch Jesus Christus gerechtfertigt ist, wird er von Jesus Christus zur Entsprechung gebracht und darin zugleich auf den Nächsten als das andere Bild des Bildes gewiesen: Die passive Konstitution der Rechtfertigung zeigt dies, weil sie uns vom Bild Gottes, von Christus ohne Verdienst und Würdigkeit zugesprochen wird: „Die Menschlichkeit eines menschlichen Ich besteht darin, dass ich einen anderen für mich dasein lasse."[59] Die Gottebenbildlichkeit des Menschen impliziert seine kommunikative, gesellige Struktur, damit auch Sozialität und gesellschaftliche Verantwortung.

Versucht man auf diese Weise, ein Konzept von „Bildung" mit der Vorstellung von der Gottebenbildlichkeit des Menschen zu fundamentieren, ergeben sich schnell zwei relativ gewichtige theologische Probleme. Zum einen droht eine theologisch hoch bedenkliche Verwechslung von göttlicher Bildung des Menschen zum Ebenbild des Ebenbildes mit menschlichen Bildungsanstrengungen, zum anderen stellt sich die Frage, ob es wirklich sinnvoll ist, die Ebenbildlichkeit des Menschen zu Jesus Christus an den Anfang einer christlichen Bildungstheorie zu stellen, wenn Jesus von Nazareth nach allem, was wir wissen, nicht zu den Bildungsbürgern seiner Zeit gehörte. Wir werden beide Probleme nacheinander behandeln und beginnen mit dem ersten Problem.

Natürlich muss *zum einen* unter allen Umständen der Eindruck vermieden werden, dass von Menschen vermittelte Bildung die im Sündenfall verlorene Ebenbildlichkeit wieder herstellen oder die in der Taufe von Gott wiederhergestellte Ebenbildlichkeit in irgendeiner Weise perfektionieren könne.[60] Denn ein solcher Eindruck würde unbezweifelbar auf das Missverständnis führen, dass wir Menschen am Schöpfungswerk Gottes in kategorial Gott vergleichbarer Weise mithelfen könnten – und das ist in jeder guten christlichen Theologie (nicht nur in einer evangelischen) natürlich schlechterdings ausgeschlossen. Es war bekanntlich diese Gefahr einer Verwechslung von Schöpfer und Geschöpf, die viele Theologen insbesondere seit den zwanziger Jahren des letzten Jahrhunderts vor einer unbefangenen Verwendung des Begriffs Bildung hat zurückschrecken lassen, obwohl (oder vielleicht besser: gerade weil) Herder und Schleiermacher ihn ganz unbefangen verwendet haben.[61] Wenn man sich die Gefahr eben dieser Verwechslung bei einer Verbindung zwischen der neutestamentlichen Vorstellung von der Ebenbildlichkeit des Menschen zum Ebenbild Gottes und der gegenwärtigen Debatte über Bildungsgerechtigkeit klarmacht, versteht man leichter, warum die

Vorstellung von der Gottebenbildlichkeit in den letzten Jahrzehnten mindestens von praktischen Theologen kaum zur Begründung kirchlicher Bildungsarbeit oder eines christlichen Konzepts von Bildung herangezogen wurde. Selbstverständlich wissen alle halbwegs verständigen Pädagogen, dass Bildung nicht nur das Werk von Pädagogen, sondern auch ein Stück weit unverfügbares Geschenk ist. Aber die verbreitete Rede von der partiellen Unverfügbarkeit des Bildungserfolgs, die allenfalls einen kleinen Rest weitgehend säkularisierter Erinnerung an das geistvermittelte göttliche Gnadengeschenk der Verstandeserkenntnis bewahrt, darf man natürlich nicht mit der theologisch ganz präzisen Ausdrucksweise von der Unverfügbarkeit der Taufgnade in eins setzen: Wenn die Bildung zum Ebenbild Gottes in Jesus Christus ein exklusives Werk Gottes ist, kann kein Zweifel daran bestehen, dass göttliche Bildung zum Ebenbild und menschliche Bildung zwei sehr verschiedene Dinge sind, die zudem aufgrund der kategorialen Differenz zwischen Mensch und Gott auf – ontologisch betrachtet – sehr verschiedenen Ebenen spielen.

Was haben dann aber die göttliche Bildung zum Ebenbild und menschliche Bildungsanstrengungen überhaupt miteinander zu tun? Liegt bloße Äquivokation eines einzigen Wortes, das für zwei verschiedene Begriffe steht, vor? Göttliches und menschliches bildendes Handeln sind so verbunden, wie göttliches und menschliches Handeln auch sonst unbeschadet ihrer Kategorialdifferenz verbunden sind: Im Rahmen des dem Menschen von Gott zugewiesenen Handlungsraumes imitiert menschliches Handeln auf unvollkommene Weise das Vorbild göttlichen Handelns und hofft auf Vollendung in aller Unvollkommenheit durch das Geschenk göttlicher Gnade. Das erste Buch der Bibel bringt diese unvollkommene Nachahmung göttlichen Handelns durch menschliches zum Ausdruck, indem dem Menschen die souveräne Beherrschung ebenso wie die bewahrende Pflege der Erde zum Auftrag gegeben wird (Genesis 1,28), der Mensch aber damit den Gott nachahmt, der ein Paradies mit Bäumen pflanzt und es souverän organisiert (Genesis 2,8f.). Die Ursünde des Menschen besteht nun genau darin, diese kategoriale Differenz zwischen Original und Nachahmung zu vergessen und selbst die Stelle des letzten Souveräns einzunehmen (oder besser: einnehmen zu wollen). Im Blick auf unser Thema bedeutet das: Alle menschlichen Bildungsanstrengungen sind im Lichte des Glaubens betrachtet bescheidene Kopien des göttlichen Bildungswerks, müssen von der Ehrfurcht vor dem kategorial anderen Handeln Gottes und seinem Ergebnis, den Geschöpfen Gottes, geprägt sein. Pädagogen sollen gerade nicht, wie Gott, Menschen radikal neu schaffen nach einem selbst gewählten Bild, sondern sensibel bei der Entfaltung einer Persönlichkeit begleiten und unterstützen. Zum Modell einer Entfaltung gehört, dass immer schon Anlagen und Gaben vorhanden sind, die es zu achten und zu schützen gilt – auch für die Bildung gilt jene von den Reformatoren für die Gottebenbildlichkeit festgehaltene Dialektik von bereits Vorhandenem und noch erst Erscheinendem. Fallen Pädagoginnen und Pädagogen aus dieser Rolle, Entfaltung zu fördern und vorhandene Gaben zu achten, versündigen sie sich nicht nur an Gott, sondern auch an den ihnen anvertrauten Schülerinnen und Schülern, Studierenden und sonstigen bildungswilligen (oder unwilligen) Zeitgenossen. Eine der Gottebenbildlichkeit entsprechende Bildung beheimatet zudem den Menschen in einer Gemeinschaft, lässt ihn den Nachbarn als Nächsten entdecken und vermittelt den Wert des Zuhörens vor allem Einspruch und jeder Widerrede.

Damit haben wir freilich erst ein Problem der Verbindung von Gottebenbildlichkeit und Bildung behandelt; es bleibt ein zweites. Man könnte *zum anderen* gegen eine zu enge Verbindung zwischen göttlichem bildenden und menschlichem bildenden Handeln nämlich auch den Einwand erheben, dass der Mensch Jesus von Nazareth, der Christus Gottes, nach dessen Ebenbild wir zum Bild Gottes geprägt werden, nicht als ein klassisches Beispiel

eines umfassend gebildeten Menschen gelten kann. Eine ebenso polemische wie dann wieder vergnügliche Beschreibung dieses Sachverhaltes stammt von dem Schriftsteller Arno Schmidt (1914–1979):

„Was würden wir heute sagen, wenn ein junger Mann aus irgendeinem unbedeutenden Zwergstaat käme; einem der immer wieder vorhandenen und nicht nur ‚wirtschaftlich unterentwickelten' Ostgebiete; keiner der großen Kultursprachen mächtig; völlig unbekannt mit dem, was in Jahrtausenden Wissenschaft, Kunst, Technik, auch frühere Religionen, geleistet haben – und ein solcher stellte sich vor uns hin mit den dicken Worten: ‚Ich bin der Weg; und die Wahrheit; und das Leben'? Wir müßten's uns durch einen herbeigerufenen

Dolmetsch erst noch mühsam aus dem barbarischen Dialekt übersetzen lassen – würden wir nicht halb belustigt, halb verständnislos ihm raten: ‚Junger Mensch: Lebe erst einmal und lerne : und komme dann in 30 Jahren wieder!'? Genau das aber war der Fall mit Jesus von Nazareth : er verstand weder Griechisch noch Römisch, die beiden Sprachen, auf denen seit viel hundert Jahren alle nennenswerte Kultur beruhte (und beruht!). Er war mit Homer und Plato ebenso unbekannt wie mit Phidias und Eratosthenes: was ein solcher Mann behauptet, ist für mich von vornherein indiskutabel!"[62]

Natürlich lässt sich gegen die Polemik Schmidts einwenden, dass sie vor dem Hintergrund einer klassischen deutschen bildungsbürgerlichen Überheblichkeit jede Auseinandersetzung mit vermeintlich weniger Gebildeten ablehnt – eine ethisch wenig sympathische, wenn auch literarisch höchst unterhaltsame, ziemlich snobistische Position.

Wenn die Kenntnis des hellenistischen Universalgelehrten Eratosthenes Voraussetzung für die Teilnahme an bestimmten Diskursen wäre, würde nicht nur Jesus von Nazareth aus der Diskussion von vornherein ausscheiden, sondern die allermeisten Philosophen und Politiker dieses Landes. War Jesus von Nazareth aber wirklich ungebildet? Die neutestamentliche Forschung der letzten Jahrzehnte hat immer wieder darauf hingewiesen, dass Jesus sich selbst als messianischer Lehrer der Weisheit verstand. Man beruft sich für diese Charakterisierung auf die Spruchform seiner Weisheitsrede, deren Bilder zumeist der alltäglichen Lebenswelt einer agrarisch geprägten Landschaft an einem idyllischen Binnensee entnommen sind: Hochzeit und ihre Gäste, Weinschläuche und Weintrauben, Häuser und ihre Besitzer sowie Brot und Fische.[63] Dazu kommen natürlich die Inhalte der für den historischen Jesus reklamierbaren neutestamentlichen Weisheitsworte, die meist die Taktik benutzen,

„einen alltäglichen Vorgang von seiner Kehrseite her zu beschreiben, das auszusprechen, was gerade nicht üblich ist, ein Verhalten zu schildern, was nicht der Lebenspraxis entspricht“ (Martin Ebner)[64], wobei gelegentlich auch die natürlichen Folgen von Verhalten oder Zuständen beschrieben werden und einfach die Natur in ihrer faktischen Vorfindlichkeit beschrieben wird (Markus 4, 26–29). Nimmt man auch noch die mutmaßlich authentischen Gleichnisse dazu, so wird man sicher nicht einfach von einem „ungebildeten Menschen“ sprechen können, sondern von einem Menschen mit Lebenserfahrung (oder, um ein etwas altmodisches, im achtzehnten Jahrhundert geprägtes Wort zu wählen: mit Herzensbildung[65]). Immer wieder wird auch diskutiert, ob Jesus von Nazareth aufgrund seiner Titulatur als „Rabbi“ und seinen zwischen Thoraverschärfung und Thoraentschärfung oszillierenden ethischen Äußerungen nicht noch mehr als nur ein an Alltagswelt und basalen

Themen des jüdischen Glaubenslebens orientierter messianischer Weisheitslehrer war. Gerd Theissen und Annette Merz haben darauf hingewiesen, dass man die Bedeutung eines frommen Elternhauses, das die Wallfahrtsfeste in Jerusalem besucht, und

den Einfluss der Synagoge in Nazareth, die Jesus besucht, für dessen „Bildung" nicht unterschätzen dürfe.[66] Allerdings wird die Frage von Zuhörern Jesu im Johannesevangelium, wieso dieser die Schrift verstehe, „obwohl er es nicht gelernt hat" (7,15), doch genau den Punkt treffen: Jesus legte vollmächtig Schrift aus, obwohl er das nie eigens gelernt hatte. Er verwendete daher auch nicht die seinerzeit für Schriftauslegung vorgesehenen Techniken und Methoden. Von einem einfach lebensklugen Mann unterscheidet ihn also nicht eine formelle Bildung, sondern sein deutlich spürbarer personaler Anspruch: In seinem lehrenden und heilenden Auftreten werden nicht irgendwelche Weisheitslehren weitervermittelt, vielmehr bricht in diesen Handlungen seiner Person die Gottesherrschaft an (Lukas 11,20 u.ö.). In jenem personalen Anspruch Jesu von Nazareth, ein messianischer Weisheitslehrer zu sein, liegt aber die Wurzel der sogenannten „Weisheitschristologie“ des Neuen Testamentes, also der Identifikation Jesu mit der göttlichen Weisheit, die – wie wir sahen – nach der Vorstellung des hellenistischen Judentums Gott das Modell gab, dem folgend er den Menschen schuf.[67] Wir stehen also vor dem überraschenden Befund, dass man, wenn man nach der Art der Bildung Jesu von Nazareth fragt, genau auf die Zusammenhänge trifft, die die antiken Christen dazu brachten, Jesus Christus als das Bild Gottes zu bekennen, nach dessen Bild wir zum Bilde Gottes geschaffen wurden.

Man kann also durchaus vorsichtig vom bildenden Handeln Gottes auf das bildende Handeln der Menschen schließen und zwar sowohl positiv als auch negativ: Weil allein Gott die Erschaffung und Erhaltung des Menschen zukommt, sollte sich der Mensch nicht im Übermut verheben und als Pädagoge Menschen umgestalten und neu formen wollen. Er sollte (übrigens auch als säkularer Zeitgenosse) etwas ahnen von der Unverfügbarkeit von wirklicher Menschen- und Herzensbildung inmitten von sorgfältig vorbereitetem Bildungshandeln. Umgekehrt kann aber die Person Jesu von Nazareth, ihr am Alltagsleben und der Alltagssprache orientierter Umgang mit weisheitlicher Bildung durchaus auch positiv dabei anregen, mit Blick auf Lebenskontexte und Alltagswelten zu bilden und nicht vor dem Hintergrund ideologischer Wolkenkuckucksheime und künstlicher Schul- oder Hochschulbiotope. Im Mittelpunkt der Zuwendung Jesu zu seinem jeweiligen Nächsten steht eine ganz konkrete Person mit ihrer spezifischen Geschichte (beispielsweise einer Krankengeschichte), aber auch ein spezifisches Lebensalter, wie die berühmte Szene von der Kindersegnung zeigt (Markus 10,13–16 par.). Während im klassischen deutschen Bildungsbegriff, wie wir sahen, weitgehend unklar bleibt, wohin der potentiell unendliche, unabgeschlossene Prozess, in allen Menschen schlummernde Anlagen zu entfalten und zu vervollkommnen, eigentlich führt, ist dem Ebenbild Gottes gesagt, was gut ist und der Herr von ihm fordert (Micha 6,8).[68] Die Aufgabe, aus dem Bildungshandeln Jesu eine Pädagogik lebensweltlicher Bildung zu entwickeln, ist für unsere Zeit noch ungelöst und kann selbstverständlich in diesem kleinen Büchlein auch nicht abschließend gelöst werden. Es kann aber deutlich werden (und ist hoffentlich deutlich geworden), wie spannend eine solche Aufgabe ist und wie reichen Gewinn sie verspricht.

Wenn man aber so den Bildungsbegriff auf der Basis der jüdisch-hellenistischen Vorstellung von der Gottebenbildlichkeit des Menschen christologisch grundiert, dann wird auch ohne viele Worte schnell deutlich, wie eng der Zusammenhang zwischen diesem christologisch grundierten Bildungsbegriff und der Forderung nach Bildungsgerechtigkeit ist. Das gilt natürlich insbesondere dann, wenn man sich klar macht, dass die traditionelle biblische Rede von der Gottebenbildlichkeit des Menschen automatisch auch seine Sozialität und Mitmenschlichkeit impliziert, gerade auch dann, wenn man, wie wir sahen, auf die Neubegründung der Ebenbildlichkeit durch die Rechtfertigung schaut.[69] So hat das übrigens auch der uns heute unbekannte Paulusschüler gesehen, der im ersten Timotheusbrief den bereits zitierten Fundamentalsatz über die Bildungsgerechtigkeit formuliert hat: „Gott will, dass allen Menschen geholfen werde und sie zur Erkenntnis der Wahrheit kommen.“[70] Denn er ergänzt diesen Satz unmittelbar durch eine christologische Präzisierung im folgenden Vers: „Denn es ist ein Gott und ein Mittler zwischen Gott und den Menschen, nämlich der Mensch Christus Jesus, der sich selbst gegeben hat für alle zur Erlösung“ (1. Timotheus 2,4f.).

Wer auf Jesus Christus schaut, nach dessen Bild wir einst geschaffen worden sind, sieht gleichsam eine Ikone der Bildungsgerechtigkeit, die Christusikone der Bildungsgerechtigkeit. Anders formuliert: An der Person Jesu Christi wird Bildungsgerechtigkeit anschaulich. Denn Jesus von Nazareth verfügte nicht nur über ein besonders enges Verhältnis zu Gott, sondern auch über ein besonders offenes Verhältnis zu seinen Mitmenschen. Nach dem Zeugnis des Paulus und seiner Schüler zeichnet Jesus eine universale Zuwendung zu allen Menschen ohne Schranken von Nation, Stand und Geschlecht aus. Und so bringt Jesus Christus für jeden und jede, die es sehen können und wollen, zur Anschauung, dass sein Vater will, dass allen Menschen geholfen werde, und realisiert diese Hilfe für alle zugleich in den Zeichen, die er in Galiläa und Jerusalem tat. Leben in der Nachfolge Jesu heißt also, dass wir uns nach diesem Ebenbild Gottes wieder zum Bild Gottes bilden lassen, dass auch wir unser Verhältnis zu Gott und zum Nächsten nach diesem maßstabsetzenden Modell und zugleich von diesem Mittler formen lassen. Man kann daher das Christentum als eine Bildungsbewegung beschreiben, bei der alle, die nach menschlicher Weise bilden (und von Gottes Bildungshandeln natürlich, wie wir sagten, kategorial geschieden sind), diesem Maßstab der universalen Zuwendung Gottes folgen und sich für alle einsetzen, sich also, indem sie als Christen leben, immer schon für Bildungsgerechtigkeit einsetzen.

ZUM CHRISTLICHEN BILDUNGSAUFTRAG

Welche praktischen Konsequenzen aus einem theologisch begründeten Bildungsbegriff folgen sollten

Wer für theologische Fundamentierung von Begriffen wirbt, die im kirchlichen Alltag gern entweder sehr konkret oder aber umgekehrt sehr abgeblasst und bedeutungsarm verwendet werden,[71] wird gern der vollkommenen Praxisferne gescholten und der Verwendung einer nur noch Eingeweihten verständlichen Sprache Kanaans. Ein vierter und letzter Abschnitt dieses Essays soll daher die naheliegende Frage beantworten, welche praktischen Konsequenzen es in der bundesrepublikanischen Bildungslandschaft hat, wenn man für den Begriff von Bildung bei der theologischen Grundeinsicht ansetzt, dass wir, da wir nach dem Ebenbild Gottes, nach dem Bild Jesu Christi, geschaffen worden sind, uns so wie unser Urbild für alle Menschen und damit für Bildungsgerechtigkeit einsetzen können. Ich greife damit zugleich auch Debatten um das Thema „der Bildungsauftrag des Protestantismus“ auf,[72] obwohl mir – wie in der Einleitung ausgeführt – diese Engführung auf eine *einzige* Konfession im bundesrepublikanischen christlichen Spektrum zu übersehen scheint, dass wir unter den gegenwärtigen religionskulturellen Bedingungen hierzulande nur dann unseren Auftrag erfüllen können, wenn wir neben den jeweils konfessionsspezifischen Beiträgen auch unseren Teil dazu leisten, die dem Christentum insgesamt obliegende Bildungsverantwortung gemeinsam wahrzunehmen und (wie es einer modernen Gesellschaft entspricht) auch ein Stück arbeitsteilig zu agieren: Die katholische Schwesterkonfession kann bestimmte Dinge einfach besser und das darf man als evangelischer Christenmensch anerkennen, vielleicht nicht neidlos, aber um Abbau solcher elementaren vorrationalen Gefühle bemüht.

Ich möchte am Ende dieses Essays drei ausgewählte Einsichten nennen, die man gewinnen kann, wenn man die hier vorgeschlagene christologische Grundierung des Bildungsbegriffs ernst nimmt und zudem auch für die inhaltliche Näherbestimmung dieses Bildungsbegriffs auf Jesus von Nazareth als die leuchtende Ikone der Bildungsgerechtigkeit blickt:

Erstens wird bei einem solchen Blick deutlich, dass Bildung schon im Interesse der vielen „bildungsschwachen“[73] Schülerinnen und Schüler in unserem Lande nicht einfach mit einer bloßen Ansammlung irgendwelcher Bildungsgüter, also von reinen Wissensbeständen verwechselt werden darf – Jesus von Nazareth war schließlich kein gelernter Bibelwissenschaftler, kein studierter Rechtsgelehrter und auch kein ausgewiesener Sozialethiker. Wenn wir uns um Bildungsgerechtigkeit nach seinem Bild bemühen wollen, dann geht es bei der Bildung um viel mehr Aspekte als nur um eine möglichst hohe Zahl hochkomplexer Bildungsinhalte, die gegenwärtig gern vollkommen unabhängig vom individuellen Fassungsvermögen Schülern wie Studierenden eingetrichtert werden. Ein solches, nicht nach Begabungen differenziertes

Einheitsmodell von Bildung als überdimensionierter Nürnberger Wissenstrichter benachteiligt aber strukturell bestimmte Begabungen und ist daher per se nicht gerecht.[74] Die inzwischen auch theoretisch etablierte Grundidee, neben der Sachkompetenz auch die Methodenkompetenz sowie die personale und soziale Kompetenz zu fördern, führt automatisch auf höhere Bildungsgerechtigkeit und sollte daher mit noch größerem Engagement im Bildungsalltag umgesetzt werden.[75]

Zweitens zeigt ein Blick auf Person, Wort und Werk Jesu von Nazareth, dass ein christologisch grundierter Bildungsbegriff zusätzliche Aspekte in die gegenwärtigen Diskussionen über den Bildungsbegriff und die Bildungsgerechtigkeit einbringen kann. Jesus demonstrierte durch sein irdisches Leben, dass ein Mensch, den wir wahrhaft gebildet nach dem Ebenbild Gottes nennen können, über etwas verfügt, was im Deutschen mit dem scheinbar abständigen Wort „Herzensbildung" beschrieben wird. Auch wenn das Wort erkennbar dem achtzehnten Jahrhundert entstammt,[76] bezeichnet es auch im einundzwanzigsten Jahrhundert noch ganz passabel das besondere Einfühlungsvermögen Jesu, sein Mitleid für Menschen in Not und seinen Respekt für die Schwachen. Konkret auf unser Bildungssystem angewendet bedeutet das, dass nur einfühlsame schulische wie akademische Lehrende Herzensbildung werden vermitteln können – also diejenigen Lehrenden, die Respekt vor jeder Schüler- und Studierendenpersönlichkeit haben und nicht nur den Abfall der schulischen Leistungen bemerken, sondern sich auch für die individuellen Lebensumstände interessieren, die den Leistungsabfall verursacht haben könnten. Und es wäre doch wunderbar, wenn evangelische Bildungseinrichtungen in ganz besonderem Maße von solchen Pädagogen geprägt wären und damit andere zur Nachahmung reizen könnten. Dann würde vermutlich in unseren Bildungseinrichtungen auch mehr darauf geachtet, welche Kompetenzen Schüler und Studierende bereits mitbringen, und ihnen bei der Entfaltung individuell geholfen.

Drittens und letztens dokumentiert ein Blick auf Wort, Werk und Person Jesu, dass eine elementare Konkretisierung der Forderung nach Bildungsgerechtigkeit schlicht und einfach größere Aufmerksamkeit für die Bildung von Kindern wäre – denn Jesus war, wie man im Neuen Testament gut sehen kann, ein Freund der Kinder (Matthäus 19,13–15 par.). Größere Aufmerksamkeit meint zunächst einmal mehr Zeit für Kinder und insbesondere Zeit für Kinder aus bildungsschwächeren Milieus zu haben, wobei ich gleich ergänze, dass sich diese Forderung natürlich nicht nur wie in der klassischen bürgerlichen Gesellschaft der letzten beiden Jahrhunderte an die Mütter, sondern auch an die Väter und vor allem an die Lehrerinnen und Lehrer richtet, ja an alle Erwachsenen. Damit es sich um eine halbwegs realistische Forderung handelt, müssen wir aber um einer Bildungsgerechtigkeit willen, die andere zur Bildung befähigt,[77] bessere Betreuungsverhältnisse fordern – ich habe jüngst noch einmal darauf hingewiesen, dass hier in Schule wie Universität ein Kardinalproblem unseres Bildungssystems liegt.[78] Da es viel Geld kosten wird, dieses Problem auch nur im Ansatz zu kurieren, müssen viele diese Forderung stellen und sie energisch vertreten. Dort, wo keine Eltern und Lehrer zur Verfügung stehen oder deren Zeit aus welchen Gründen auch immer nicht ausreicht, müssen sich Menschen finden, die Patenschaften für solche Kinder organisieren, insbesondere in den einschlägigen Vierteln und den Schulen in den bekannten Problemgebieten. Und schließlich sollten wir als evangelische Kirche auch sehr sichtbar solche Initiativen, die es ja durchaus schon da und dort gibt, unterstützen.

Da wir uns mitten in der Reformationsdekade und somit auf dem Wege zum großen Jubiläumsjahr 2017 befinden, ist vielleicht der abschließende

Hinweis erlaubt, dass ein solcher Versuch, die Forderung nach mehr Bildungsgerechtigkeit unmittelbar in einem christologisch grundierten Bildungsbegriff zu verankern, sich auf die Wittenberger Reformatoren, vor allem auf Philipp Melanchthon, berufen kann und ein gutes Stück ihren Spuren folgt; das muss hier nicht vertieft werden, da es gute Darstellungen zu der Wittenberger Reformation als einer Bildungsbewegung gibt.[79] Aber auch Martin Luther hat schon darauf hingewiesen, dass es bei der Bildung nicht zuallererst um Bildungsgüter und Lerninhalte geht, sondern um die Annahme des Geschenkes der Ebenbildlichkeit.[80] Wie dies geschieht und was dieses Geschenk bewirkt, hat der Reformator sehr konkret beschrieben: „Darum soll das billig aller Christen einziges Werk und einzige Übung sein, dass sie das Wort und Christus wohl in sich bilden, um solchen Glauben stetig zu üben und zu stärken. Denn kein anderes Werk kann einen Christen machen."[81]

Ich möchte zum Abschluss dieses Büchleins noch einmal auf den französischen Soziologen Pierre Bourdieu und seine These zurückkommen, dass es bei dem klassischen Konzept von Bildung gar nicht um die inhaltliche Füllung mit konkreten Bildungsinhalten geht, sondern in Wahrheit um einen bloßen „Bildungstitel“, der wie einst der Adelstitel Zugang zu bestimmten gesellschaftlichen Funktionseliten gewährt. Wir sahen, dass ein so wirkendes Bildungsideal gesellschaftliche Funktionseliten ausdifferenziert, darin der Forderung nach mehr Bildungsgerechtigkeit strikt entgegengesetzt ist und auf diese Weise selbst zu einem Grund für fehlende Bildungsgerechtigkeit wird. Es spricht, wie wir gleichfalls sahen, manches dafür, dass die Wirklichkeit unseres Landes mindestens partiell von dieser provokanten These sehr präzise beschrieben wird; die Fakten, die die deplorable Bildungsungerechtigkeit in unserem Land illustrieren, sind bekannt und wurden eingangs noch einmal an charakteristischen Beispielen aufgerufen. Wenn es in dieser Situation der evangelischen Kirche gelänge, mit einem christologisch grundierten Bildungsbegriff, zu dem organisch die Forderung nach mehr Bildungsgerechtigkeit gehört, auch andere gesellschaftlichen Akteure zu einem energischeren Einsatz für mehr Bildungsgerechtigkeit zu provozieren, wäre das geradezu wunderbar. Aber es müsste doch angesichts der, wie wir sagten, für gewöhnlich recht losen Verbindung zwischen Bildungsbegriff und Bildungsgerechtigkeit andere gesellschaftliche Akteure auch ein wenig reizen, wenn sie sehen, wie eng das beides in der christlichen Theologie zusammengehört – nicht nur in Sonntags- und Synodalreden, sondern im konkreten Alltag evangelischer Bildungsarbeit. Diesem konkreten Alltag wollen diese Zeilen dienen, indem sie deutlich machen, dass auch das theologische Fundament eines Bildungsbegriffs in christlicher Tradition auf die lebensweltliche Orientierung Jesu am Alltag seiner Zeitgenossen führt, wenn man Bildung von der Bildung zum Ebenbild Gottes, Jesus Christus, her begreift.

118

FUSSNOTEN

1 Ch. Markschies, Theologische Überlegungen zu einem evangelischen Verständnis von Bildungsgerechtigkeit [Referat auf der 3. Tagung der 11. Synode der Evangelischen Kirche in Deutschland, Hannover, 7.-10.11.2010], in: „Niemand darf verloren gehen!". Evangelisches Plädoyer für mehr Bildungsgerechtigkeit, Hannover 2010, 36-41.

2 Ch. Markschies, Angelegentlich. Reden und Vorträge des Präsidenten Christoph Markschies aus den Jahren 2006 bis 2009, Berlin 2010; ders., Angelegentlich zwei. Reden und Vorträge des Präsidenten Christoph Markschies aus den Jahren 2006 bis 2009, Berlin 2010; ders., Angelegentlich drei. Reden und Vorträge des Präsidenten Christoph Markschies aus den Jahren 2009 und 2010, Berlin 2010, sowie ders., Angelegentlich vier. Abschiedsworte des Präsidenten Christoph Markschies am 18. Oktober 2010, Berlin 2010. Vgl. ebenso ders., Was von Humboldt noch zu lernen ist. Aus Anlass des zweihundertjährigen Geburtstags der preußischen Reformuniversität, Berlin 2010.

3 H.-E. Tenorth (gemeinsam mit G. Böhme), Einführung in die Historische Pädagogik. Darmstadt 1990; ders., Zur deutschen Bildungsgeschichte 1918-1945. Probleme, Analysen und politisch-pädagogische Perspektiven, Studien und Dokumentationen zur deutschen Bildungsgeschichte 28, Köln/Wien 1985.

4 Dazu vgl. unten S. 20–25.

5 Die Sozialerhebungen der Jahre 2001 bis 2010 sind im Volltext samt knapper Auswertungen zugänglich auf der Homepage des Deutschen Studentenwerkes unter der Adresse http://www.studentenwerke.de/se/ (letzter Zugriff am 1.3.2011).

6 Statement von R. Dobischat bei der Pressekonferenz zur 19. Sozialerhebung des Deutschen Studentenwerks in Berlin am 23. April 2010, zitiert nach http://www.studentenwerke.de/se/2010/Statement_Dobischat19SE.pdf (letzter Zugriff am 1.3.2011).

7 Ein rhetorisch besonders schwungvolles Beispiel solcher Klage: F.W. Graf, Kirchendämmerung. Wie die Kirchen unser Vertrauen verspielen, Beck'sche Reihe bsr 1950, München 2011, 43–56.

8 So der hessische Kultusminister Ernst Schütte (1904–1972) nach Die Zeit Nr. 38 vom 20.09.1968, zitiert nach www.dwds.de s.v. Bildungsgerechtigkeit (letzter Zugriff am 1.3.2011). Natürlich ist die Vorstellung einer sozialen Relevanz des Bildungsbegriffs älter als der Begriff: R. Vierhaus, Art. Bildung, GGB 1, Stuttgart 1972, (508–551) 543–545. 546f.

9 Ch. Markschies, Die Elite und der Durchschnitt, in: ders., Was von Humboldt noch zu lernen ist. Aus Anlass des zweihundertjährigen Geburtstags der preußischen Reformuniversität, Berlin 2010, 63–75.

10 Ich verweise nach wie vor auf J. Jeremias, Jesu Verheißung für die Völker, Franz Delitzsch-Vorlesungen 1953, Stuttgart, 2., durchges. Aufl. 1959.

11 Ich hörte ihn – auch das sei dankbar vermerkt – erstmals von einem Tübinger akademischen Lehrer, der seinen Schülern viel Freiheit gelassen hat, nämlich von dem Neutestamentler Martin Hengel (1926–2009).

12 Ich denke insbesondere an: Maße des Menschlichen. Evangelische Perspektiven zur Bildung in der Wissens- und Lerngesellschaft. Eine Denkschrift des Rates der Evangelischen Kirche in Deutschland, Gütersloh 2003; Kirche und Bildung. Herausforderungen, Grundsätze und Perspektiven evangelischer Bildungsverantwortung und kirchlichen Bildungshandelns. Eine Orientierungshilfe des Rates der Evangelischen Kirche in Deutschland, Gütersloh 2009 sowie Bildung in evangelischer Verantwortung auf dem Hintergrund des Bildungsverständnisses von F.D.E. Schleiermacher. Eine Studie des Theologischen Ausschusses der Evangelischen Kirche der Union, hg. v. J. Ochel, Göttingen 2001.

13 R. Vierhaus, Art. Bildung, GGB 1, Stuttgart 1972, 508–551.

14 J. Stuve, Allgemeinste Grundsätze der Erziehung, hergeleitet aus einer richtigen Kenntniß der Menschen in Rücksicht auf seine Bestimmung, seine körperliche und geistige Natur und deren innigste Verbindung, seine Fähigkeit zur Glückseligkeit und seine Bestimmung für die Gesellschaft, in: Allgemeine Revision des gesammten Schul- und Erziehungswesens von einer Gesellschaft praktischer Erzieher, hg. v. J.H. Campe, Bd. 1, Hamburg 1785, (233–382) 261 (der Text findet sich als Volldigitalisat bei Google Books; letzter Zugriff am 1.3.2011).

15 Eine Fülle von Belegen bei R. Vierhaus, Art. Bildung, GGB 1, Stuttgart 1972, (508–551) 519f.

16 W. von Humboldt, Unmassgebliche Gedanken über den Plan zur Errichtung des Litthauischen Stadtschulwesens (= Litauischer Schulplan), in: Wilhelm von Humboldt Werke in fünf Bänden, hg. v. A. Flitner u. K. Giel, Bd. IV Schriften zur Politik und zum Bildungswesen, Darmstadt ^{4}1993, (187–191) 188 (Hervorhebung von mir). – Für die Erstedition durch den Berliner Pädagogen und ersten Berliner Nachkriegsrektor Eduard Spranger (1882–1963) vgl. W. von Humboldt, Unmaßgebliche Gedanken über den Plan zur Einrich-

tung des Litthauischen Stadtschulwesens, in: Wilhelm von Humboldts Gesammelte Schriften XIII, Berlin 1968 (= ebd. 1920), 276–283.

17 Vgl. dazu Ch. Markschies, Die Theologie in der Humboldtschen Universität, in: ders., Was von Humboldt noch zu lernen ist. Aus Anlass des zweihundertjährigen Geburtstags der preußischen Reformuniversität, Berlin 2010, 111–127.

18 W. von Humboldt, Unmassgebliche Gedanken über den Plan zur Errichtung des Litthauischen Stadtschulwesens (= Litauischer Schulplan), in: Wilhelm von Humboldt Werke in fünf Bänden, Bd. IV Schriften zur Politik und zum Bildungswesen, 189.

19 Ebd.

20 W. von Humboldt, Ideen zu einem Versuch, die Gränzen der Wirksamkeit des Staates zu bestimmen, in: Wilhelm von Humboldt Werke in fünf Bänden, hg. v. A. Flitner u. K. Giel, Bd. I Schriften zur Anthropologie und Geschichte, Darmstadt [3]1980, (56–233) 64.

21 H.-E. Tenorth, Bildung, in: Humboldt Spektrum. Forschung und Wissenschaft an der Alma Mater Berolinensis 2–3, 2009, (14–19) 15.

22 Anders R. Vierhaus, Art. Bildung, GGB 1, Stuttgart 1972, 521: „Höher konnte die allgemeine geschichtliche Bedeutung von ‚Bildung' nicht gesteigert werden; in dem so gefaßten Begriff lag indes nicht nur Herausforderung an die staatlich-gesellschaftliche Wirklichkeit, er drückte auch ein sehr hohes Selbstverständnis der Gebildeten von ihrer sozialen Funktion aus."

23 Übrigens, wie der Verfassers dieses Essays aus eigener Schulerfahrung bezeugen kann, auch in den siebziger und achtziger Jahren des letzten Jahrhunderts im entmilitarisierten Berlin-West!

24 Aeschylus Agamemnon, metrisch übersetzt v. W. von Humboldt, Leipzig 1816 (als Digitalisat zugänglich unter http://www.mdz-nbn-resolving.de/urn/resolver.pl?urn=urn:nbn:de:bvb:12-bsb10214860-6; letzter Zugriff am 1.3.2011); vgl. auch J. Kitzbichler, Von 1800 bis zur Mitte des 19. Jahrhunderts, in: dies., K. Lubitz u. N. Mindt, Theorie der Übersetzung antiker Literatur in Deutschland seit 1800, Transformationen der Antike 9, Berlin/New York 2009, (13–112) 64–73.

25 Tenorth, Humboldt Spektrum. Forschung und Wissenschaft an der Alma Mater Berolinensis 2–3, 2009, 15.

26 Humboldt an Schiller, Dresden, 25. Juni 1797, zitiert nach: Der Briefwechsel zwischen Friedrich Schiller und Wilhelm von Humboldt, hg. v. S. Seidel, Bd. 2, Berlin 1962, (101–105) 104.

27 Ch. Albrecht, Bildung in der praktischen Theologie, Tübingen 2003, 27.

28 W.v. Humboldt, Über Religion, in: ders., Wilhelm von Humboldt Werke in fünf Bänden, hg. v. A. Flitner u. K. Giel, Bd. I Schriften zur Anthropologie und Geschichte, Darmstadt [3]1980, (1–32) 25.

29 Ch. Albrecht, Bildung in der praktischen Theologie, Tübingen 2003, 27.

30 S.o. S. 44.

31 W. von Humboldt, Litauischer Schulplan, in: Wilhelm von Humboldt Werke in fünf Bänden, hg. v. A. Flitner u. K. Giel, Bd. IV, Darmstadt 31982, (187–195) 189.

32 Ch. Albrecht, Bildung in der praktischen Theologie, Tübingen 2003, 27. Interessanterweise setzt Albrecht diese positive Einschätzung nicht in Beziehung zu einer negativen Diagnose der Offenheit des Begriffs heute, die unten zitiert ist: Vgl. u. S. 61f.

33 P. Bourdieu, Die feinen Unterschiede. Kritik der gesellschaftlichen Urteilskraft, Suhrkamp Taschenbücher Wissenschaft 658, Frankfurt 1987 (= La distinction. Critique sociale du jugement, Paris 1979), 48f.

34 Dazu vgl. oben S. 20–25.

35 Ch. Albrecht, Bildung in der praktischen Theologie, Tübingen 2003, 2; vgl. zum Thema auch: F. Schweitzer, Bildung als Dimension der Praktischen Theologie, in: Der Bildungsauftrag des Protestantismus, in: Der Bildungsauftrag des Protestantismus, hg. v. F. Schweitzer, VWGTh 20, Gütersloh 2002, 265–277 und die Beiträge in: Bildung – Glaube – Aufklärung. Zur Wiedergewinnung des Bildungsbegriffs in Pädagogik und Theologie. Karl Ernst Nipkow zum 60. Geburtstag, hg. v. R. Preul u.a., Gütersloh [2]1990, insbes. R. Preul, Aspekte eines kulturprotestantischen Bildungsbegriffs, 101–115.

36 W. Pannenberg, Gottebenbildlichkeit und Bildung des Menschen, ThPr 12, 1977, (259–273) 262 = ders., Grundfragen systematischer Theologie Bd. 2, Göttingen 1980, (207–225) 211f.; zustimmend aufgegriffen bei R. Preul, Art. Bildung IV. Religionsphilosophisch, dogmatisch, ethisch, RGG I, Tübingen [4]1998, (1582–1584) 1583. Pannenberg verweist auf „Das Buch der göttlichen Tröstungen“ (hg. u. übers. v. J. Quint, Meister Eckharts deutsche Werke V, Stuttgart 1963, 46,18).

37 Das unterscheidet den hier vorgelegten Ansatz beispielsweise von dem Schleiermachers, der mit dem Begriff Bildung nach Eilert Herms letztlich die Effektivität des Werdens im Gesamtzusammenhang des Weltgeschehens meint: E. Herms, Schleiermachers Bildungsbegriff und seine Gegenwartsrelevanz, in: ders., Menschsein im Werden. Studien zu Schleiermacher, Tübingen 2003, (227–249) 227; vgl. aber auch Ch. Albrecht, Bildung in der praktischen Theologie, Tübingen 2003, 54–61.

38 Zum theologiegeschichtlichen Hintergrund des Paradigmas der Inkulturation vgl. Ch. Markschies, Der christliche Glaube und das Problem des Synkretismus in kirchengeschichtlicher Perspektive, in: Esoterik. Herausforderung für die christliche Kirche im 21. Jahrhundert, hg. v. H. Krech u. U. Hahn im Auftrag der Bischofskonferenz der Vereinigten Evangelisch-Lutherischen Kirche Deutschlands, Hannover 2003, 89–112.

39 Ch. Albrecht, Bildung in der praktischen Theologie, Tübingen 2003, 31–50 (zu Harnack, Troeltsch und Rothe).

40 R. Vierhaus, Art. Bildung, GGB 1, Stuttgart 1972, 509; vgl. auch E. Constantin, Die Begriffe „Bild" und „bilden" in der deutschen Philosophie von Eckehart zu Herder, Blumenbach und Pestalozzi, Diss. phil. masch.,

Heidelberg 1944; H. Schilling, Bildung als Gottesbildlichkeit. Eine motivgeschichtliche Studie zum Bildungsbegriff, Freiburg 1961, 19–41; P. Hoeninghaus-Schornsheim, Studien zur Entstehung des Bildungsbegriffs in der deutschen Mystik. Die Entstehung des Bildungsgedankens in der deutschen Mystik, Diss. phil. masch., Duisburg 1994, passim und weitere Literatur bei Ch. Albrecht, Bildung in der praktischen Theologie, 20f. in den Anmerkungen 1–8 sowie bei R. Lennert, Art. Bildung I. Zur Begriffs- und Geistesgeschichte, TRE VI, Berlin/New York 1980, 569–582.

41 A.M. Haas, Sermo mysticus. Studien zu Theologie und Sprache der deutschen Mystik, Dokimion 4, Fribourg [2]1989, 209f. bzw. 211 (lateinische Äquivalente).

42 A.M. Haas, Sermo mysticus. Studien zu Theologie und Sprache der deutschen Mystik, Dokimion 4, Fribourg [2]1989, 209 Anm. 1 und H. Schilling, Bildung als Gottesbildlichkeit. Eine motivgeschichtliche Studie zum Bildungsbegriff, Freiburg 1961, 24.

43 W. Groß, Gen 1,26.27; 9,6: Statue oder Ebenbild Gottes? Aufgabe und Würde des Menschen nach dem hebräischen und dem griechischen Wortlaut, JBTh 15, 2000, (11–38) 35–37 und zur altorientalischen Vorgeschichte B. Ockinga, Die Gottebenbildlichkeit im alten Ägypten und im alten Testament, ÄAT 7, Wiesbaden

1984; zur christlichen Nachgeschichte der biblischen Vorstellungen vgl. Ch. Markschies, Art. Gottebenbildlichkeit. II. Christentum, RGG III, [4]2001, 1160–1163. – Für Philo vgl. z.B. opif. 24f. 69 und 146 sowie H. Merki, Art. Ebenbildlichkeit, RAC IV, Stuttgart 1959, (459–479) 463.

44 Philo, op. 25 (Philonis Alexandrini Opera quae supersunt, Vol. I, ed. L. Cohn Berlin 1896, 7,17–8,4 bzw. Philo von Alexandria, Die Werke in deutscher Übersetzung, hg. v. L. Cohn u.a., Bd. 1, Berlin [2]1962, 35).

45 Kol 1,15; eine schöne Auslegung dieses Verses bei H. Merklein, Christus als Bild Gottes im Neuen Testament, JBTh 13, 1999, 53–75.

46 J. Eckert, Christus als „Bild Gottes" und die Gottebenbildlichkeit des Menschen in der paulinischen Theologie, in: Vom Urchristentum zu Jesus. Für Joachim Gnilka [zum 60. Geburtstag am 8. Dezember 1988], hg. v. H. Frankemölle u. K. Kertelge, Freiburg u.a. 1989, (337–357) 337f.

47 H. Merklein, Christus als Bild Gottes im Neuen Testament, JBTh 13, 1999, (53–75) 61f.; ausführlicher Ch. Stettler, Der Kolosserhymnus. Untersuchungen zu Form, traditionsgeschichtlichem Hintergrund und Aussage von Kol 1,15–20, WUNT 2.R. 131, Tübingen 2000, 104–132.

48 So D. Schlüter, Art. Gottebenbildlichkeit, HWPh III, Darmstadt 1974, (814–818) 815.

49 Philo, op. 69 (Philonis Alexandrini Opera quae supersunt, Vol. I, ed. L. Cohn Berlin 1896, 23,5–7 bzw. Philo von Alexandria, Die Werke in deutscher Übersetzung, hg. v. L. Cohn u.a., Bd. 1, Berlin [2]1962, 50) sowie H. Merki, Art. Ebenbildlichkeit, RAC IV, Stuttgart 1959, (459–479) 463–478 und P. Schwanz, Imago Dei als christologisch-anthropologisches Problem in der Geschichte der Alten Kirche von Paulus bis Clemens von Alexandrien, Arbeiten zur Kirchengeschichte und Religionswissenschaft 2, Göttingen 1979 (= Halle 1970).

50 Belege bei A. Peters, Art. Bild Gottes IV. Dogmatisch, TRE VI, Berlin/New York (506–515) 511: inst. I 15,3 und II 12,7.

51 Dazu einstweilen B.D. Sommer, The Bodies of God and the World of Ancient Israel, Cambridge 2009; ich bereite gegenwärtig eine Monographie zu diesem Thema vor.

52 Vgl. Iren., haer. III 18,1 „damit wir das, was wir in Adam verloren hatten, nämlich Bild und Gleichnis Gottes zu sein, in Christus Jesus zurückerhielten" (Irenäus von Lyon, Adversus Haereses. Gegen die Häresien Bd. III, übers. u. eingel. v. N. Brox, FChr 8/3,

Freiburg u.a. 1995, 220f.), anders Tert., bapt. 5,7 „So (sc. in der Taufe) wird der Mensch Gott zurückgegeben, zurückversetzt in den Zustand der Ähnlichkeit mit ihm (similitudo), der zuvor nur noch dem Bilde (imago) Gottes gemäß war" (Tertullian, De Baptismo. De Oratione. Von der Taufe. Vom Gebet, übers. u. eingel. v. D. Schleyer, FChr 76, Turnhout 2006, 176f.); vgl. auch S. Vollenweider, Der Menschgewordene als Ebenbild Gottes. Zum frühchristlichen Verständnis der Imago Dei, in: Ebenbild Gottes – Herrscher über die Welt, hg. v. H.-P. Mathys, BThSt 33, Neukirchen-Vluyn 1998, 123–146.

53 Details bei W. Pannenberg, Anthropologie in theologischer Perspektive, Göttingen 1983, 44f.

54 Alle Belege bei Ch. Markschies, Taufe und Concupiscentia bei Augustinus, in: Gerecht und Sünder zugleich? Ökumenische Klärungen, Dialog der Kirchen. Veröffentlichungen des Ökumenischen Arbeitskreises evangelischer und katholischer Theologen 11, hg. v. Th. Schneider u. G. Wenz, Freiburg 2001, 92–108.

55 Pannenberg zeigt, wie diese Dynamisierung sich im 18. u. 19. Jahrhundert auf Kosten der Statik der Ebenbildlichkeit fortsetzt: Herder vertritt beispielsweise die Vorstellung einer rein „werdenden Gottebenbildlichkeit": Pannenberg, Anthropologie in theologischer Perspektive, Göttingen 1983, 47–51.

56 A. Gehlen, Der Mensch. Seine Stellung und seine Natur in der Welt, Wiesbaden ^{11}1977 [zuerst 1940, unveränd. Nachdruck der 8., durchg. Aufl.], 90; vgl. auch W. Pannenberg, Gottebenbildlichkeit des Menschen in der neueren Theologiegeschichte, SBAW. PH 8/1979, München 1979, 1f.

57 M. Luther, Von der Freiheit eines Christenmenschen (bearb. v. M. Jacobs), in: Martin Luther, Ausgewählte Schriften, hg. v. K. Bornkamm u. G. Ebeling, Bd. 1 Aufbruch zur Reformation, Frankfurt/Main ^{2}1983, 238 = Martin Luther, Studienausgabe, in Zusammenarbeit mit H. Junghans, J. Rogge u. G. Wartenberg hg. v. H.-U. Delius, Bd. 2, Berlin 1982, 265,6.9.

58 E. Jüngel, Der Gott entsprechende Mensch. Bemerkungen zur Gottebenbildlichkeit des Menschen als Grundfigur theologischer Anthropologie, in: Neue Anthropologie, Bd. 6/1 Philosophische Anthropologie, 1. Tl., hg. v. H.-G. Gadamer u. P. Vogler, Stuttgart/München 1975, 342-371 = ders., Entsprechungen: Gott - Wahrheit - Mensch. Theologische Erörterungen, BEvTh 88, München 1987, 290-317 (nach dieser Fassung wird zitiert, hier aaO. 291f.).

59 E. Jüngel, ebd., 298 (im Original kursiv).

60 W. Pannenberg, Gottebenbildlichkeit des Menschen in der neueren Theologiegeschichte, SBAW.PH 8/1979, München 1979.

61 Pannenberg, Gottebenbildlichkeit und Bildung des Menschen, 212–216 = 263–265; vgl. aber K. Barth, Evangelium und Bildung, ThSt[B] 2, Basel [2]1947 und O. Hammelsbeck, Glaube und Bildung, TEH 74, München 1940.

62 A. Schmidt, Atheist?: Allerdings!, in: Kleiner Atheismus Katechismus, hg. v. G. Haffmans, Frankfurt/Main 2008, (88–100) 95f.; auch unter: http://www.theopenunderground.de/@pdf/sekten/atheistallerdings.pdf (letzter Zugriff am 1.3.2011). Die Zeichensetzung im Blick auf den Doppelpunkt entspricht dem Original.

63 M. Ebner, Jesus - ein Weisheitslehrer? Synoptische Weisheitslogien im Traditionsprozess, HBSt 15, Freiburg u.a. 1998, 381–385. Anders G. Theißen/A. Merz, Der historische Jesus. Ein Lehrbuch, Göttingen 1996, 180–182: Apophthegmen „sagen uns sicher etwas über den historischen Jesus - und zwar über Jesus in Beziehungen“ (zu seiner Familie, zu Johannes dem Täufer, zu Jüngern und Gegnern).

64 M. Ebner, Jesus - ein Weisheitslehrer? Synoptische Weisheitslogien im Traditionsprozess, HBSt 15, Freiburg u.a. 1998, 386.

65 J.-E. Pleines, Bildung. Grundlegung und Kritik eines pädagogischen Begriffs, Heidelberg 1971, 63 Anm. 6. - Das große Grimmsche „Deutsche Wörterbuch" nennt als ersten Beleg eine Rezension aus dem Jahre 1838 (Art. Herzensbildung, in: Deutsches Wörterbuch von Jacob und Wilhelm Grimm, bearb. v. M. Heyne, Bd. X [= Bd. IV 2. Abtlg.], München 1984 [= Leipzig 1877], 1233): R.D., Rez. J.E. Nürnberger, Astronomische Reiseberichte oder Skizzen der Topographie des Himmels und planetarischen Metempsychose, Kempten 1837, in: Jenaische Allgemeine Literatur-Zeitung 1838 [Nr. 179 und 180 vom September 1838], (465-774) 471 („Geistes- und Herzens-Bildung"), vgl. dazu jetzt http://zs.thulb.uni-jena.de/servlets/MCRFileNodeServlet/jportal_derivate_00039487/JALZ_1838_Bd_3.pdf. (letzter Zugriff am 1.3.2011).

66 G. Theißen/A. Merz, Der historische Jesus. Ein Lehrbuch, Göttingen 1996, 318f.

67 Ch. Stettler, Der Kolosserhymnus. Untersuchungen zu Form, traditionsgeschichtlichem Hintergrund und Aussage von Kol 1,15-20, WUNT 2.R. 131, Tübingen 2000, 127 (unter anderem mit Bezug auf Mt 23,37-39).

68 Vgl. oben S. 53. Pannenberg macht auf eine interessante Mischform beider Konzeptionen aufmerksam, wenn er zeigt, dass im 19. Jahrhundert statt von der „Gottebenbildlichkeit" gern von der „Bestimmung" des Menschen geredet wurde: ders., Gottebenbildlichkeit des Menschen in der neueren Theologiegeschichte, SBAW.PH 8/1979, München 1979, 15–23.

69 S.o. S. 74f.

70 Vgl. oben S. 30f.

71 Vgl. oben die Bemerkungen von Christian Albrecht zum Begriff „Bildung", S. 61f.

72 Vgl. dazu den Sammelband unter dem Titel: Der Bildungsauftrag des Protestantismus, hg. F. Schweitzer (VWGTh 20), Gütersloh 2002.

73 Der Begriff und vor allem seine Verwendung sind problematisch: „Bildungsschwach" sind ja eigentlich nicht die Schüler, sondern die Milieus, aus denen sie kommen.

74 Konkretere Vorschläge für entsprechende Differenzierungen (beispielsweise durch eine Entschlackung der Curricula in verschiedenen Bildungseinrichtungen) habe ich in meiner Abschiedsrede als Präsident der

Humboldt-Universität gemacht, die im Druck erschienen ist (Ch. Markschies, Angelegentlich vier. Abschiedsworte des Präsidenten Christoph Markschies am 18. Oktober 2010, Berlin 2010, vgl. aber auch die gekürzte Fassung: Ch. Markschies, Universitäten können nicht allen alles bieten, FAZ Nr. 251 vom 28.10.2010, 8).

75 Mir scheint, dass diese Umstellung in der Schule schon deutlich besser als in der Universität gelungen ist: Wenn ich recht sehe, fehlt an den Hochschulen ein paralleler Vorgang zur Ablösung der Lehrpläne durch Bildungsstandards in den Schulen. Man muss sogar im Gegenteil sagen: Die Chance, im Rahmen der durch die Bologna-Reform bedingten Umstellungen auch die Studieninhalte einmal wirklich gründlich zu prüfen, ist viel zu wenig genutzt worden (vgl. auch die voraufgehende Anmerkung).

76 S. o. S. 95.

77 So das Konzept einer „Befähigungsgerechtigkeit“ in der Kundgebung der Synode „‚Niemand darf verloren gehen!‘ Evangelisches Plädoyer für mehr Bildungsgerechtigkeit“ vom 10.11.2010, im Internet zugänglich unter http://www.ekd.de/synode2010/beschluesse/74177.html (letzter Zugriff am 1.3.2011).

138

78 Ch. Markschies, Universitäten können nicht allen alles bieten, FAZ Nr. 251 vom 28.10.2010, 8.

79 Ich beschränke mich auf zwei Sammelbände, die ein geschätzter Berliner Kollege herausgegeben hat: Erziehung und Schulwesen zwischen Konfessionalisierung und Säkularisierung. Forschungsperspektiven, europäische Fallbeispiele und Hilfsmittel, hg. v. H. Schilling u. St. Ehrenpreis unter redaktioneller Mitarbeit von Ch. Jaser, Münster 2003; Frühneuzeitliche Bildungsgeschichte der Reformierten in konfessionsvergleichender Perspektive. Schulwesen, Lesekultur und Wissenschaft, hg. v. H. Schilling u. St. Ehrenpreis unter redaktioneller Mitarbeit von St. Mösch, ZHF, Beiheft 38, Berlin 2007.

80 Im Unterschied zu Luther behauptete Melanchthon, dass „der Lebensform des Lehrens und Lernens das größte Wohlgefallen Gottes gilt" – hier spricht doch wohl ein Wittenberger Professor, der seinen Stand als sichtbar gesegnet empfindet (zitiert nach: Philipp Melanchthon, Glaube und Bildung. Texte zum christlichen Humanismus. Lateinisch/Deutsch, ausgewählt, übers. u. hg. v. G.R. Schmidt, RUB 8609, Stuttgart 1989, 209 = De laude vitae scholasticae oratio von 1536, CR XI, 1843, [298–306] 301).

81 M. Luther, Von der Freiheit eines Christenmenschen (bearb. v. M. Jacobs), in: Martin Luther, Ausgewählte Schriften, hg. v. K. Bornkamm u. G. Ebeling, Bd. 1 Aufbruch zur Reformation, Frankfurt/Main [2]1983, 242 = Martin Luther, Studienausgabe, in Zusammenarbeit mit H. Junghans, J. Rogge u. G. Wartenberg hg. v. H.-U. Delius, Bd. 2, Berlin 1982, 269,28–30.

Christoph Markschies, geboren 1962, Professor für Ältere Kirchengeschichte, war von 2006 bis 2010 Präsident der Humboldt-Universität zu Berlin. Auch als Vorsitzender der Kammer für Theologie der EKD prägt er die gesellschaftliche Diskussion um die Zukunft der Bildung.